僕たちは14歳までに何を学んだか

JN230999

藤原和博

SB新書
464

はじめに

3歳の頃、一度死に損なったらしい。
僕には、その視覚的な記憶がある。

木造の公務員住宅の一室に寝かされているのだが、あっちの窓、こっちの窓からおじさんが覗《のぞ》いていると、うなされながら僕が指差している。父がその窓に歩み寄り、開けながら「ほら、誰もいないよ」と確かめる。そんなシーンだ。

今となっては、ただの幻影なのか、生まれる前に亡くなっていたおじいちゃんが孫の様子を見にきたのか、はたまた死神のお迎えだったのか、確かめようもない。

母に聞くと、熱病で医者がさじを投げたというから本当に危なかったのだろう。実際にはそれから60年生き延びているから、今、こうして語ることができる。

この記憶のせいばかりではないと思うが、人間はいついなくなるかわからない存在だから、今日やれることはやっておこうという感覚を大事にして生きてきた。せっかちだし、喋るのも速い。でもそれ以上に、今日やっておかなかったら、寝ている間に息が止まるようなことがあった場合、その瞬間、とても悔しいだろうと想像してしまうのだ。

一期一会という感覚に近いのかもしれない。それが僕の行動力の源泉だ。だから、初めての人と出会ったときも、最初に印象を残そうとする。明日また会えると思うからダラーッと出会ってしまうのであって、もしかしたら二度と会えないかもしれないと思えば、自分の人生のカケラを刻みつける気合いでプレゼンする。

もう一つ、何かの壁を突破しようとする者たちには、共通して「根拠のない自信」が根底にあるような気がしている。前進すれば「なんとかなる」という感覚だ。あとから評すれば、挑戦への勇気とか呼ばれてしまうのだが、ちょっと違う。「根拠のない自信」があるから、一歩踏み出る無謀さが発揮される。計算しつくしてからでは遅いし、すべてのリスクを事前に読み解けるわけがない。

今や日本のダボス会議として評価の高い「G1サミット」に集うベンチャー起業家

や研究者、政治家や芸術家……皆それぞれ違う分野を革新した革命家たちだが、その突破力の源泉は、小さな頃から育まれた「根拠のない自信」である。同様のことは、活躍中のジャーナリストや活きのいい知識人、文化人が集う「エンジン01文化戦略会議」のメンバーにも共通する。

例外なく、彼らは、14歳くらいまでにちゃんと遊びまわった人々でもある。

僕の場合には、一人っ子で母が戦後の典型的な専業主婦だったから、とにかく大事にされた。何かやって失敗しても母が尻拭いをしてくれるという甘えが強かった。独立心とは真逆の感覚だ。その甘えが拡大して、そのまま、何かあっても世の中がなんとかしてくれる、誰かが助けてくれるだろう、人生はなるようにしかならないという「根拠のない自信」につながっているのだと思う。

そうした、突破する者たちの「根拠のない自信」と、それに裏打ちされた行動力は、どこから来るのか？

それを探ってみたいと思った。

だから、卓越した革命家である４人を選ばせてもらった。キングコングの西野亮廣、ホリエモン（堀江貴文）、ＳＨＯＷＲＯＯＭの前田裕二、ＤＭＭの亀山敬司の各氏。いずれも、イベントや番組でご一緒する機会があって親交があり、リスペクトする人たちだ。

僕自身が改めてインタビューし、彼らが14歳までにどんなふうに遊び、学び、育ったのかを根掘り葉掘り聞くことにした。子どもの頃、何をゲットしたことが今の「根拠のない自信」と行動力に結びついているのかという謎解きだ。

そのインタビュー集が本書である。

日本の人口が減り、国際競争力が低下する一方で、ＡＩとロボットが日常の処理業務をかなり高度な知的仕事まで奪っていくことが知られている。その不確実な世界の中で、どのような力をつけなければならないか、すべてのビジネスパーソンと公務員が知りたいところだろう。

また、子育て中の読者にとっては、またとないガイドになるはずだ。ただし、完全にパクって同じ育て方をしたところで同じように育つわけではない。それに、全員が革命家になってしまったら、社会の安定が崩れてしまう（苦笑）。
自分の子の精神的基盤に、義務教育を修了する15歳くらいまでに、最低限「根拠のない自信」が芽生えていればいいのだと思う。

この「根拠のない自信」のことを、教育界では「セルフ・エスティーム」と呼ぶことがある。日本語に直訳すれば「自己肯定感」。自分は大丈夫、ＯＫだ、将来は開けているし明るい、という前向きな心持ちのことだ。

しかし、「セルフ・エスティーム（自己肯定感）」では言葉として難しい上に、やや内向きな感じがする。外に向かっていく攻撃力や突破力、速攻で動く行動力にはイメージとして結びつきにくい。

だから、この本では、一貫して「根拠のない自信」と呼ぼうと思う。

本書を通読すれば、各人とも根拠はあるじゃないかとお叱りを受けそうだ。でも、未知の世界に踏み出し続け、試行錯誤の中で無限に行動を修正していくという、ある種無謀な習性は、「根拠のない自信」がなければ身につかないだろう。

「正解主義」「前例主義」「事なかれ主義」とは対極のところで勝負するわけだから、予測不能かつ計算不能で、必ずしも勝てる根拠はない。

日本では、放っておくと「上質な普通」の子が育つようにできている。私立であろうと公立であろうと、学校がそういう製造装置として設計されているからだ。学校制度というものは、どんな立派な教育目標を掲げようと、結局は子どもを標準化する装置なのである。

親がユニークな子に育ってほしいと願っていても、子どもというのは基本的に、他の子と違っていると不安になるという特性があるのも原因の一つだ。

読者の皆さんも、小学校時代、男子の多くが黒のランドセルで、女子の多くが赤のランドセルで通った記憶があるだろう。

僕自身は父親として、長男の小学校入学に際してリュックを背負わせて送り出したのだが、案の定、初日から泣いて帰ってきた。他の子がみんなランドセルだったからだ。でも、担任の先生が翌日の朝の会でクラス全員の前で「リュックも素敵ね」と一言添えてくれたおかげで、息子は嬉々として帰ってきた。

こういう蓄積が「根拠のない自信」を育てるのだと思う。他人と違うことをやっても叱られなかった、喜ばれた、ほめられた、という体験の蓄積のことだ。

だから、ユニークな特徴を持った子に育ってほしいなら、その孤独に耐えるだけの「根拠のない自信」を育ててあげなければならない。

自分の興味に一直線に突っ走っているときに、後ろを振り返ったら誰もついてこないからといって不安になっているようでは、ユニークさは磨けないからだ。

よく現場を知らない教育評論家が、学校をもっと自由にクリエイティブにとか、創造性教育をやらない学校はいらないなどと高邁《こうまい》な理想論を鼓舞《こぶ》することがある。

しかし、発明王のエジソンも物理学者のアインシュタインも、ITで世界を変えたビル・ゲイツもスティーブ・ジョブズも、その才能は学校が育んだわけではない。

アインシュタインは言葉の発達が遅く家政婦からおバカさん扱いされることもあったというし、エジソンは今でいう不登校だった。ビル・ゲイツもよく知られているようにアスペルガー症候群（自閉スペクトラム症）で人付き合いが下手だったと聞く。

オリンピックで活躍するフィギュアスケートの羽生結弦くんも体操の内村航平くん

も、将棋の藤井聡太くんも卓球の張本智和くんも、学校がその特色を育てたわけではないだろう。才能を突出させるキッカケはいつも家庭環境だったり、ストリートだったりで、のちに少年たちが夢中になって自覚的に突っ込んでいったときに邪魔しないのが一番なのだ。

また、英国や米国の一流ボーディングスクール（寮制のパブリックスクール）の規律は厳しい。フェイスブックを立ち上げた、あのマーク・ザッカーバーグは、ハーバードの規律の厳しさに辟易して、その後、フェイスブックを作ったという逸話もある。激しい規律に反発する心が創造性を育てることもあるのだ。

繰り返すが、学校は、いつだって子どもを標準化する装置である。学校の目的は、良い学習習慣と生活習慣を身につけさせることであり、教師の使命は、目の前の児童生徒のわからないことをわかるように、できないことをできるようにしてあげることである。

いや、そのように役割を限ってあげないと、先生の仕事が「働き方改革」とは裏腹にブラック化し、学校が機能低下を起こしてしまう。しかも60万人の教員の年齢分布は50代が3分の1以上だから、ここから10年でリーダーとして活躍したベテラン教員が姿を消し、黙っていても学校の支配力は低下していく運命なのだ。

日本の学校システムはそれでも優れているほうだから、義務教育期間の間に「上質な普通」の層を成すための基礎が教えられる。挨拶が大事なこと、食事を残さないこと、掃除は協力してやること、約束は守ること、提出物はしっかり出すこと、人間関係を作ること、目標を決めてそれを達成すること……などの社会生活の基本である。世の中で「信用（クレジット）」を蓄積していくための基礎技術といってもいいだろう。

しかし、一方で親ならこうも思うだろう。

どうしたらわが子を「上質な普通」から抜け出させてやれるのか？

この悩みに応えることは、現代のビジネスパーソン自身が、いかにして「上質な普通」から抜け出せるかのヒントをも与えるだろう。

そうした祈りを込めて、4人の突出した革命家へのインタビューを行なった。あなたは少年時代、どんな遊びをしましたか？　何を経験し、どんな家庭教育をされましたか？　そして結局、14歳までに何を学んだのでしょう？……。

このような失礼な質問攻めにも、ありがたいことに登場人物のすべてが喜んで、時に照れながら、答えてくれた。

子育てに「正解」はない。

それでも、私を含めて5人の少年の物語を読めば、「根拠のない自信」を育てるヒントは得られるはずだ。

このインタビュー集が、日本の子どもたちの未来を拓く財産になることを念じつつ……。

２０１９年１月　藤原　和博

第1章

「ない」ものは、自分で作る

西野亮廣

西《にし》野《の》亮《あき》廣《ひろ》

1980年生まれ。芸人・絵本作家。

1999年、NSCで出会った梶原雄太とお笑いコンビ・キングコングを結成。2000年、コンビ結成5か月後にNHK上方漫才コンテスト最優秀賞を受賞。

著書に絵本『えんとつ町のプペル』（幻冬舎）、ビジネス書『魔法のコンパス』（幻冬舎）、『新世界』（ＫＡＤＯＫＡＷＡ）などがあり、全作品がベストセラー。『革命のファンファーレ』は「読者が選ぶビジネス書グランプリ2018」で総合グランプリに輝いた。

現在、国内最大の有料会員制コミュニティー（オンラインサロン）『西野亮廣エンタメ研究所』を主宰するほか、2018年10月には吉本興業とともに芸能界初となるクラウドファンディングプラットフォーム「シルクハット」をスタート。

僕と西野亮廣さんとの縁は、『藤原和博の必ず食える1％の人になる方法』（東洋経済新報社）がつないでくれた。西野さんがこの本を気に入って、僕とは会ったこともないのに、自分のイベントで勝手に売ってくれていたのだ。

出版から3年経つ書籍がアマゾンで急に売れ出したので、出版社が調べたら、西野さんに行き着いた。西野さんのベストセラー『魔法のコンパス』には、なんと6ページも紙面を割いて『1％』本の内容に触れてくれている。

会わなければ、と思った。そして対談をした結果、初回で惚れた。

この男はデキる。だから、リクルート・マーケティング・パートナーズの山口文洋社長に推薦して、2017年度、高校生向けに一緒に「よのなか科」の授業を7回連続でやることに。その間に仲は深まり、西野さん主催の「サーカス」イベントで僕はオープニングの講師を務めた。僕が主宰している「アジア希望の学校基金」のプロジェクトでは、西野さんもラオスの僻地にまで一緒に来てくれた。義務教育を受けられない山間部の少数民族の子どもたちのために学校を建てて、トイレや井戸とともに教材をプレゼントする活動だ。ベトナムに近い「ララ村」という素敵な呼称の村に、一緒に小学校を建てようと計画している。

対談をするとよくわかるのだが、西野さんの「言葉の力」は並外れている。しかも、いちいち論理的なのだ。だから、関わる誰もが納得する。極端なことを言ってSNSで炎上することが多いと聞いていたが、僕は彼の発言にまったく違和感を感じない。

吉本興業に属するれっきとした芸人ではあるが、会社を作って様々なチャレンジをしている。絵本を30万部も売って、そのうちディズニーを追い越すぞと宣言したり、「しるし書店」というネットワークで書籍売り場の新しい形式を提案したり、「レターポット（言葉で回す経済圏）」を実験的に発足して、仮想通貨時代の信用交換所の先取りをしたり、「はれのひ事件」で詐欺にあった女性たちに、さっと「リベンジ成人式」を行なうお金を拠出したり。

リクルートに入社していたら、すごい営業部長にも新規事業部長にもなっていただろう。

小学校時代は遊んでばかりだったというが、中学時代に良い先生と出会って「数学」は

300人抜きでトップをとったことがあるらしい。

ああ、やっぱり、論理的な思考力があるんだな（ロジカル・シンキングのリテラシーが高い）と納得した。

それと、兄、姉がいる3兄弟の次男だから、お下がりが多かった。自転車は買ってもらえないから、兄のお下がりを改造した。レゴなんか買ってもらえないから、レゴみたいなもの（ブロック遊びのパーツ）をダンボールで作った。こうした工夫の連続が遊びの中で「情報編集力」を高めていくのだ。完成品を買ってしまったら、これはつかない。

自分なりに工夫する。自分なりに改良する。自分なりに考える。これが西野亮廣のマナーとして、子ども時代からしっかり体に染み込んでいるのだと感じた。

「買ってもらえなかった」から よかったのかもしれない

西野亮廣

クマゼミを捕る父ちゃん＝早く大人になりたい

うちはお父ちゃんがサラリーマンの家庭で4人兄弟なんで、決して裕福ではなかったです。経済状況でいうと、多分、中の下くらいですね。だから夏休みとか、家族で遊園地に遊びに行くようなこともほとんどなくて。

じゃあ夏休みの娯楽って何だったかというと、セミ捕りなんですよ。

僕が生まれ育ったのは兵庫県川西市というところで、大阪府との境目にある小さい市。一応市だけど田舎の部分も残っているような、多分多くの人が想像するような

「よくある地方都市」です。都会みたいにワクワクする遊び場なんてなかったから、セミ捕りひとつも、僕らにとっては大変な娯楽でした。

その思い出の中でめちゃくちゃ覚えてるのが、父ちゃんのことですね。

セミって、アブラゼミやクマゼミ、ツクツクボウシとか色んな種類がいますけど、僕ら子どもの中でのボスは、何といってもクマゼミ。デカいし、高いところにとまるし、逃げ足は速いしで、捕まえるのがすごく難しいんですよ。それに、クマゼミがいる木の上のほうは細かく枝分かれしているから、子ども用の虫取り網は大きすぎて、そこへ入っていかないんです。

そんな中、僕の父ちゃんがですね、金魚すくい用の網くらいのちっちゃな枠を針金で作ったやつに袋を縫いつけて、それを釣り竿の先につけた、オリジナルの虫取り網を作ってたんですよ。そんなちっちゃい網、子どもには作れない。しかも釣り竿の先についているから、子ども用の網とは比べものにならないくらいに長く伸ばせるんです。

父ちゃんは木の下からそれをスルスルって伸ばして、僕らが捕れない、一番高いところにいるクマゼミをパッて普通に捕ってて。それがすごくまぶしくて、カッコ良くてですね。「大人になったらこんなことができるのか」「父ちゃんカッコいい」って。幼稚園児くらいだったけど、そのときの記憶ってすごく残ってます。

普段は、家でビールを飲んで野球中継を見ながらブツブツ言ってるような、ちょっとダサイなって姿しか見ていませんでしたけど、そのときはヒーローで。もうむちゃくちゃカッコ良かった。「ヤバイ、早く大人になりたい」って強く思いました。

そこから「大人」っていうものが、すごく好きになりましたね。

レゴ・自転車……ほしいものは自分で作るしかない

兄弟は、5歳上の兄ちゃん、2歳上の姉ちゃん、僕、6歳下の弟の順。兄ちゃんとはちょっと年が離れていて、小さいときは一緒に遊ぶっていう感覚はあまりなかったですね。やっぱり、遊ぶ相手は同年代の友だちが多かったです。

大人になって他の家のことを聞くと、「真ん中の子はわりと放っておかれる」といいますよね。確かに僕自身も、ほかの兄弟に比べて、あまり手をかけてもらってないなっていう感覚はありました。

わかりやすいのは、買ってもらったモノの量ですね。兄ちゃんは初めての子なんで、洋服とか新しいモノをいっぱい買ってもらえるんですよ。姉ちゃんも長女で、初めての女の子だから、やっぱり買ってもらえる。でも僕は、絶対に兄ちゃんのお下がりだったんです。

で、弟はどうかというと、兄ちゃん、僕と使ってきたモノはこわれたり古びたりして使えないから、やっぱり新しく買ってもらえるんです。だから、僕だけがお下がり。結局、僕、兄弟の中で一番モノを買ってもらってないんですよ。それに対するコンプレックスというか「まいったな」という思いは持っていました。


だから、自分でなんとかするしかなかった。クリエイティブに。

おもちゃも、当然レゴなんて買ってもらえないから、「レゴみたいなものをまず作る」ところからはじめて。家のダンボールで、レゴの、あのポチポチしたところも再現して、それではめて。カポって（笑）。それで何か作る。そんなことばっかりやってましたね。

自転車も――僕、一度も自転車を買ってもらったことがないんですが、兄ちゃんのお下がりを改造して、いかにカッコよく見せるかに命をかけてました。それがだんだんと本格化していって、高校生のときには友だちと「自転車部」と称して、廃材でイチから作った自転車に乗ってました。

ハンドルの部分には、大型バスのハンドルをくっつけてましたね。スクラップ工場に行って、色んな部品をもらってきて。工業高校じゃない、普通科の高校でしたけど、その辺の技術は身につけてました。

4人兄弟で、家にそんなにお金があるわけではないから、ほしいモノは作るしかなかった。「こういうふうにしたらカッコ良く見えるっしょ」という作業をやるしかなかったんです。「音楽の時間に使うリコーダーに彫ってある兄ちゃんの名前をいかに隠すか」とか（笑）。今、こうやって話せるから別にいいですけど。

人よりも、作業量が一個多いですよね。クリエイティブにやらざるを得ない分。いろいろ買ってもらえなかったのも、今考えるとよかったのかもしれません。

怒られたことのない少年時代

学校は、むちゃくちゃ好きでした。学校に行って毎日友だちと会うのがすごく楽しみでしたね。だから朝、家を出るのが待ち遠しくて仕方なくて。学校に行きたくないどころか、できたら帰りたくなかったくらいです。不登校とは真逆の学校生活でした。

先生からも全然怒られなかったです。むしろ贔屓《ひいき》されてました。何か変なことをしても、先生は僕にだけはやたら甘かった。今考えても完全に贔屓されてましたね。

基本的に僕、人から怒られたことってほとんどないんです。家族からも。母方のばあちゃんとも同居してたんですが、一回も叱られたり、怒られたりしたことがない。母ちゃんが弟を産むために入院したとき、僕の面倒をばあちゃんが見てくれたんですが、学校の送り迎えのときはいつも手を引いてくれて。大好きでしたね、ばあちゃんのこと。

しつけは……箸の持ち方とか、出された食べ物は残さないとか、食事周りのことは結構言われた気がします。今でも食べ物を残すっていうのは無理ですね。ご飯粒も残さないです。

でも、それくらいだと思う。あとは結構「放牧」状態というか。「勉強頑張りなさい」みたいなことはちょこっと言われたかもしれないですけど。

特に父ちゃんは、僕のやることを止めたり否定したりしなかったですね。

あるとき、家の襖《ふすま》にクレヨンで絵を描いちゃったことがあって。母ちゃんは役割上、一応は怒ったんですが、父ちゃんは一切怒らなかった。それどころか「そんなに絵が描きたいんか」って、次の日に会社から大量にコピー用紙を持って帰ってきてくれて。「これだったらなんぼ描いても大丈夫やで」と、好きに描かせてくれました。

芸人になろうって決めたのは、小学校2年生のときです。

僕が小学生の頃は、「とんねるずのみなさんのおかげです」とか「ダウンタウンのごっつええ感じ」とか、誰もが笑えるような、わかりやすい内容の番組がたくさん放送されてました。小学生の僕はそれを見て、キャッキャキャッキャ笑ってましたね。吉本新喜劇もよく見てました。

きっかけは、あるとき、前の晩にやっていた「カトちゃんケンちゃんごきげんテレ

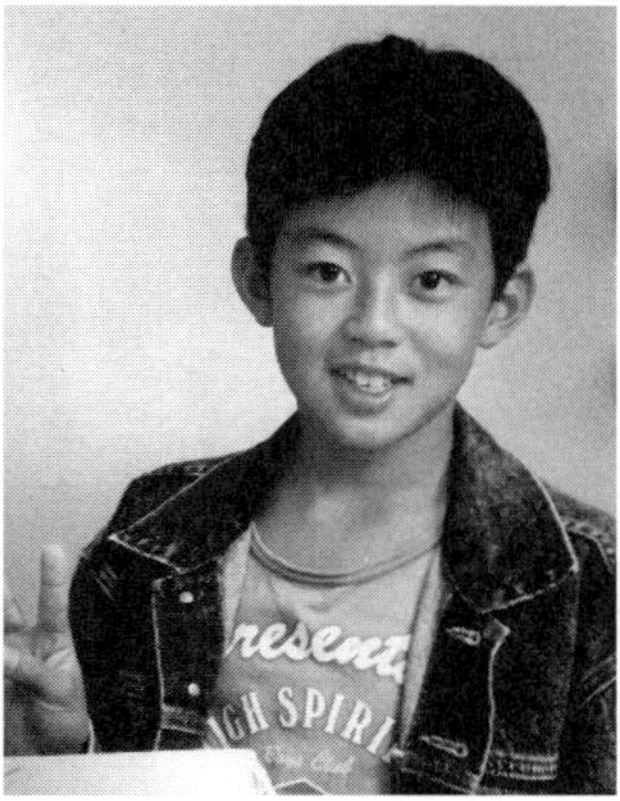

小２でお笑い芸人をめざす

ビ」の内容を「昨日こんなんやってたよ」って友だちにしゃべったら、すごくウケて喜ばれたことです。実際には僕がウケたんじゃなくて、カトちゃんケンちゃんが言ったことをそのままやったからウケたわけですけど（笑）。そのとき「ウケるってめっちゃ気持ちいいな」ってことがわかりました。

そのうち、カトちゃんケンちゃんもとんねるずも、テレビの中で遊んでるように見えるけど、どうやらあれは仕事らしいぞと気づいて。その瞬間、「あんなに楽しいことをやりながら生きていけるんだ」って、衝撃を受けたんです。だから、「もう絶対芸人になる」って決めて。そこから、一直線に芸人を目指しました。

中学高校になると音楽に目覚めたり、得意なスポーツがあればそっちに気持ちが向いたりもしますけど、僕はそれらには見向きもせず、ひたすら芸人になりたいと思ってました。

一般的には、思春期になるとちょっとひねくれたり、斜に構えたりして、子どものときに好きだったことがイヤになったり、離れたりすることもありますけど、それもなかったですね。というか、反抗期もなかったです。ほんと、単純に「明るいヤツ」でしたね。

ちなみに、小学生のころのニックネームは「UFO」。僕（西野）と、同級生の西原くんの二人が「ニシ」だから「ニッシン」と呼ばれていて、そこから当時すごく流行っていた「日清やきそばUFO」に結びついたという、それだけ。大した理由はないです（笑）。子どものノリってそんなもんでしょう？

今でも地元の小学校のときの友だちからは「UFO」って呼ばれます。ニックネームからもわかりますけど、ひょうきんな子どもでしたね。非常に。明るくて活発で。「UFO」ですし（笑）。

「真っ直ぐバカ」が、教える側に立って学年1位に

何でそんなに明るかったのかって、言ってしまえば、僕、むっちゃアホだったんですよ。これが不登校とか、どうしようもない不良とかならまだ理由もわかりますけど、毎日楽しく学校に通って、毎日先生の言うことを聞いた上での結果ですからね。

今、学校では学習障害について意識されるようになってきましたけど、僕の場合は黒板に書いてある字が読めないとか、頭でわかっていても字が書けないとか、そういう例にも当てはまってなかったと思います。

なんていうかもう、「真っ直ぐバカ」だったってことです。

いや、ほんとに勉強、ついていけなかったです。先生が教えることが異次元過ぎて、全然頭に入ってこない。いい成績をとって両親を喜ばせようっていう気持ちはあって、一応は勉強に挑んでみた時期もあったんですが、本当に点数がとれなかった。だから、「あ、これはダメだな」と。ダメなものはしょうがないからなと、諦めていました。

すごく覚えてるんですけど、中学2年生のとき、テストの総合得点の学年ランキン

グが下から4、5番目だったんですが、これって、学校に来ていない子やテストで欠席した子の成績も含まれた上での順位ですからね、学年で事実上最下位です。

それで、先生から「このままでは公立校への進学は難しいから私立の高校に行くことになる」って言われて。「私立は学費が高いのに、4人兄弟でこれは、さすがに父ちゃんと母ちゃんに迷惑をかける、ヤバイ」と思って、そこで初めて「ちゃんと勉強しよう」と決心したんです。そして、中2の終わりに塾に通うことを決めました。

とはいったものの、何と、しょっぱなの入塾試験に落ちたんですよ。塾にすら入れないくらい成績が悪かったんです。それで父ちゃんと母ちゃんが見かねて、値段は高くなるけれど、個別指導の教室がある塾に通わせてくれたんです。個別指導塾は今では普通にありますけど、その頃は、ほんとにダメな子が別の場所で先生からじかに教えてもらうような、特別なところでした。

そこで一対一で教えてもらうんですが、ビックリしたのは、先生が僕のことをむっちゃほめてくれるんですよ。ちょっと何かやるだけで「ヤバイな、お前。天才ちゃうか?」って。僕、「え？　何これ」って、勉強でほめられたことがないから、めっちゃ嬉しくなっちゃって（笑）。

たまたまそのとき、数学の証明問題を習ってたんですけど、その問題がクイズみたいで楽しかったんです。それでやってると「できてるやん！　すごいな」ってほめられて、どんどん楽しくなって、どんどんできるようになってきたんです。

そしたら、あるとき先生から「お前、個別の授業は出なくていいから、みんなの前で自分が先生になって、塾の他の子に教える側になってみろ」って言われたんですよ。教える側って、教え方が下手だと、いろいろ文句を言われて自分が損をするじゃないですか。だから、どんな質問が来ても返せるように、めちゃくちゃ予習したんです。

そうやってほかの子の前で教えるようになってから成績がぐんぐん伸び出して、数学は結局学年1位になったんです。ここの伸び方はハンパなかったです。実質最下位から学年1位なんで、３００人抜きです。

このとき、僕はすごくわかりやすく成績が伸びたんですが、ほめられることと、教える側になるってことはすごく効果があると思います。

今の学校は、授業は全部先生が教えますけど、たとえば月から木まではこれまで通り、だけど金曜日は、小学校なら6年生が5年生に、5年生が4年生に、4年生が3年生というふうに、上の学年の子が下の学年の子を一対一で教える日にしてしまえば、教える側も教えられる側も、もっと学力が上がると思います。

教える側に回ると、相手のことを考えてわかりやすく説明するために普段と違う角度から勉強するので、自分のためにもなるし、教えられる側も、上の学年のお兄ちゃんやお姉ちゃんにほめられたら嬉しくて、先生にほめられるより、もっと伸びると思うんですよ。

思春期を生き延びるためエロ画を描きまくる

勉強では紆余曲折《うよきょくせつ》がありましたけど、学校では友だちと毎日遊んで、嫌な思いもひとつもなかったし、人気者でした。生徒会長もやりましたね。選挙が人気投票みたいな感じで、全校生徒が投票するんですが、ダントツ1位で。

女の子にもモテた。一番モテてました。芸人って、子どもの頃にすごくいじめられたり、暗かったりと辛い経験がある人が多いんですけど、僕は一切そういうことがなかったです。

だけど、中学校まではとにかく男友だちとずっとつるんでいて、女の子とはしゃべらなかったんですよ。男の友だちと遊ぶほうが断然楽しかったですし。幼稚園の頃からずっとそうやってきたんで、小学校の4～5年あたりからは、女の子としゃべってる男を見たら「ケッ、チャラチャラしやがって」って、「お前、女としゃべんなよ」みたいなことを言ってました。要は、カッコつけてたんです。

それでずっと「女には興味がない」的な、「俺は男の中の男だ」みたいなスタンスで通してたんですが、それが中学2年生になった瞬間に、性欲がむくむくと出てきてですね。

ほかの友だちはエッチな本やビデオを貸し借りしてたんですけど、僕は「女に興味がない」っていう硬派路線できていたので、今さら「貸して」とは言えない。けど、どうにかして女の人の裸を見たい。とはいえ、エッチな本を買うお金もない。「だったら自分で描くしかない」という結論に至りまして。

それで、自分で女性の裸の絵を描いて性欲を満たすという、自給自足の方法をとったんです。それが、僕が「絵」に真剣に向かい合った初めての瞬間です。

その経験を経て良かったのは、「うまく描かないと人は興奮しない」っていう現実に直面したことです。いくらエッチなポーズを描いたって、うまくなければ全然興奮しない。最初一回描いてみたけど、下手すぎて全然ピクリともしなくて。「急いでうまくならないと自分の性欲を満たせない」って、本能にかきたてられる勢いで、そこから狂ったように絵を描きました。とにかく数をこなしました。数ですね。本当にエロい絵ばかり描いてましたね、中2の頃は。

趣味とかの範囲じゃなくて、思春期に自分が生き延びるために描いてました。それで、半年くらいで画力がガッと上がって、ようやく自分を満足させられるようになったんです。

あるとき、親が掃除か何かしたときに、その絵が全部見つかっちゃって。特に何も言われなかったですけど、あれは恥ずかしかったですね。なぜかって、裸の女の子の絵はさておき、その横に「バスト90」とか書いてたんですよ、僕（笑）。実際に描いたおっぱいのサイズが90センチかどうかじゃなくて、自分で勝手に「これ90センチやで」

って。その数字にむちゃくちゃ興奮してたっていう。

その当時は、友だちには言えなかったです。中3になってちょっと落ち着いてから「実はな」ってカミングアウトして。「本当はスケベです、ごめんなさい」って。「だからエッチな本貸してな」って（笑）。

高校に入った頃、友だちから「ちょっとエッチな絵描いて」って頼まれたことがありますけど、そりゃもう、さらさらっと描きましたね。


でもそれでタモリさんから「絵本を作ったらどうか」と言われました。「言語化するのが長けているから、絵が描けるようになる」と。

たとえば、メッセージとして「原発反対」みたいなことを込めた絵を描く場合、円のど真ん中に「原発反対」って書いても、刺さんないわけじゃないですか。じゃあ「原発反対」のどこを切り取ったらお客さんのハートに刺さるのか、というのは画力よりもどっちかというと「伝える力」とか「言語化する能力」なんですね。タモリさんが言うには、「とにかくお前は数学と国語が得意だから、だから絵が描けるようになる」って。常におだてられていましたね。

オセロで「相手の脳を頭に入れる」ことを学ぶ

兄ちゃんと遊んだ記憶を振り返ると、やたらオセロをやってました。僕、オセロがめっちゃ強いんですよ。兄弟で5歳違うと、共通の会話ってなかなかなくて、テレビとかマンガも、はやってるのが少しズレてくるんですね。だから、ゲームでつながるしかなかったっていう背景もあります。

で、オセロ。学校が終わってから、毎日ずっとやってました。ずっとやってきた中で編み出した、兄ちゃんと僕の「オセロ論」というものがあるんですが、オセロは、自分が置きたいところに駒を置くゲームじゃないんです。相手が「ここに置かれたらイヤだな」って思うところに駒を置くゲームなんですよ。

だから、僕が兄ちゃんと対戦するときには、「兄ちゃんの脳みそを一回自分の頭に入れる」っていう作業をするんです。兄ちゃんの目線で、兄ちゃんが置いた駒の配置を見て、次はどこに置こうとしているかを予想して、ここに置かれるとイヤだろうなって場所を先回りして置く。言ってしまえば、他者目線になったほうが勝つんです。

普段はともかく、オセロに関しては兄ちゃんが僕に遠慮して負けてくれる、なんてことはなかったですね。ずっと真剣勝負。ガチで。

どちらかが勝つまで、延々とやってました。


今、色々な作品や文章を発表しはじめて、藤原先生はじめ色んな人から、僕の言葉の力がすごいとほめていただくことが増えたんですが、何をするときにも、基本的に他者目線になることが大事だと思うんです。

相手の頭の中の言語は何かを考えて、相手の言語で語るような。

それこそ、小さい頃に兄ちゃんとやっていたオセロのような頭の使い方です。

お笑いの世界でいうと、最初はライブのゴングショーからスタートするんですが、そこで自分に与えられている時間は30秒、長くて1分です。で、時間内でウケなかったら、照明ドーンって落とされて終わり。だから、最初の10秒くらいでお客さんの気持ちをワッとつかまないといけない。それをずっとやっていって、勝ち上がっていかないと世に出られないようになっている。

お笑いの世界でそれを体験してきたのは、やっぱり大きいと思います。より短い言葉で、より心に刺さる言葉を選んでいく作業をずっとしなければいけないですから。

よく、大学生や若い人から、「今こんなことをしたい」っていうプレゼンや提案をもらうことがありますけど、やっぱり、みんな話が長いですよね。それ、30秒で言えないかなとか、その言い方じゃ響かへんでとか、しょっちゅう思います。

子どもたちには「信用を稼ぐこと」が大事だと教えたい

絵本を描いてるんで、イベントなんかで10歳くらいの子どもたちがよく寄ってきてくれるんです。親子連れで来ていただく方も多いですし、よく話もします。

僕自身に子どもは今いないですけど、そんな子どもたちに何かを教えるとしたら、お金のことは今から勉強しておくといいってことですね。お金のことって、学校ではなかなか教えてもらえないから。

貯金が大事とか、無駄遣いをしないとか、そういう教条的なことじゃなくて。たとえば、手作りが趣味で、作ったアクセサリーをお店で売りたいと思ったら、自分でネットショップを立ち上げて実際に売ってみて、どんなものが売れてどれが売れないかや、どんなことにお客さんが感動してお金を払ってくれるか、実感として具体的に知っておくといいよ、っていうことです。

藤原先生と二人で、リクルートの「スタディサプリ」で高校生を対象に授業をしたときには、お金の本質を知るために、クラウドファンディングでどうやって自分がやりたいことのための資金を集めるかを宿題に出しました。

実際やってみると、うまく資金が集まる子と集まらない子が出てくるんですが、その違いは何だろうと考えていくと、お金が集まるのは、結局商品とかスポンサーとかじゃなくて、その人に信用があるかどうかだと気づいていく。「お金」じゃなくて「信用」を稼ぐことが本質なんだとわかるんです。

社会に出る前からそういう経験をしておくと、その後の人生、もっと面白くできるよってことを伝えたいです。

対談 西野×藤原 backroom

自分の「愛される欠陥」＝「創造的無能」の使い方

藤原 お話を聞くと、西野さん、子どもの頃から今まで、すごく自由にやりたいことができてきたように思えるんだけど。ほとんど怒られたことがないって言うし。

西野 僕の場合、怒られるを通り越して「呆れられる」ですね。「あいつ、しゃあないな」っていう。

自由を勝ち取るためのポイントは、「こいつはだめだな」って諦めてもらうことです。普段からずっとイイ子でいたら、こいつにはもっと目標を高く設定してやろうってなりますけど、そうじゃなくて、相手の期待と全然違う方向に突き抜けるんです。徹底して。

藤原 「出過ぎた杭は打たれない」ってやつか。諦めさせるまでやるということね（笑）。ネットで時たま炎上することもあるけど、あれもそうなんだ。

西野　ですね。散々叩かれることもありますけど、周りの友だちはみんなめっちゃほめてくれるんで、全然平気ですね。

藤原　西野さんを見ていると、アメリカの社会学者のローレンス・J・ピーターが言った「ピーターの法則」を体現していると思う。ピーターは、組織や社会は階層型をしていて、その階層の中で、人は自分の能力の限界まで昇進して、そこに達したら無能化すると唱えてるの。だから、会社にいるすべての役職者は、そこで無能レベルに達した人たちなんだと。だから、「上司が無能なのは当たり前」というわけ。

西野　面白いですね、それ。

藤原　さらに面白いのは、そうならないようにするため、つまり無能化しないようにするためには、あえて無能なふりや、変人のふりをして、無能化する前に自ら昇進を防ぐしかないというんですよ。これを「創造的無能のすすめ」と言ってるの。

たとえば社員食堂でみんなが昼食をとってるのに、一人だけ弁当を食べているとか、みんながスーツでネクタイを締めているのに、Tシャツと半ズボンで出社するとか。僕がピーターが挙げた例で気に入っているのは、みんなが駐車場の誘導線に従って縦に車を駐めてるところを、自分だけ横向きで駐めるというやつ。

そういうことを普段やっておくと、昇進会議でも「あいつはちょっと違うかもしれない」って、素質を疑われて、素直に昇進させられないで済むというんですよ。

西野さんは、無能レベルに達しないよう、力をためたまま、あえて無能であろうとして「創造的無能」の状態を続けてきたように見える。

西野　確かにそうかもしれないです。天然でやってますね（笑）。

僕は、人間のいいところって、愛される欠陥を持っていることだと思ってるんです。AI化が進んで、いろいろなことを完璧にこなすロボットが台頭してきても、「しょーがねえなあ」と言って許してもらえる才能は、人間にしかないと。だから、僕は科学技術よりも、コミュニケーションに未来を見ています。

藤原　このあと西野さん、人生の時間としては最低でも50～60年はあるよね。今までかなり色々なことをやってきたと思うけど、これからどうするの？　途中で全然違うことをやらないと大変じゃない？

西野　最近「1年に1つ、何かをやめる」というのをルール化したんです。新しいことをやり続けないとどんどん老いていくなと思っているので。うまくいっているものの中から何かをやめる。毎年1つずつやめていくんで、その分新しいことを創り続けていかなくちゃいけないようにする。

藤原　続けてしまうと守りに入るから、うまくいっていることを捨てるんだね。

西野　はい。あと、ずっとそのエネルギーを保つにはどうしたらいいかなと思って、秋元康さんと小室哲哉さんのことを調べたんですけど。

藤原　また、何で……？

西野　秋元康さんって、作詞家として寿命が長いですよね。阿久悠さんも、晩年まで現役でいらっしゃった。「何でそこまで現役でいられるんだろう」って考えながら秋元さんの作詞を見て気づいたんですけど、詩の中に「明日は明日の風が吹く」とか、新しいとは言えないものが入っているんですよ。

作詞家だったら、もうこんなに世間に流通した、手垢でベタベタみたいな歌詞は使わないと思うんですが、秋元さんは、それは音楽業界の人間の見解であって、「何これすごくいいじゃん」と言ってくれる人が新しいお客さんだとわかっている。歌詞が変わらなくても、曲は時代によって変わっていくから、同じ歌詞でも違う曲になるって知ってて、あえて新しいことをしない。そうやって人のエネルギーを吸い続けてる。

一方で小室さんは、自分の才能で作詞作曲し、たくさんの曲を作って時代を駆け抜けた人。それはそれで、すさまじいことですし、僕個人的には今も変わらずファンなのですが、二人を見たとき、どっちが年を重ねても現役でいられるかというと、やっぱり、人のエネルギーをうまく吸い取っている人のほうが続けられていますよね。

だから、人のエネルギーをうまく活用できるようなコミュニケーションのシステムを作らないといけないと思ってます。

藤原　僕、東京都で民間初の公立中学校の校長になると言ったときに、「天職だね」と言ってくれた人がいたの。学校というコミュニケーションの渦の中にいるって、やっぱりエネルギーをもらえるんだよね。

西野　それは本当にいいっすよね。

リアルな遊び場がなくなる

藤原　一方で、最近自然の中で遊ばせるということが少なくなっているでしょう。僕は昭和30年生まれだから原っぱで、バッタを捕って首を引っこ抜くぐらいのことをやってました。でも今の子は、自然での生と死みたいなものにまったく触れ合わないで、育ってしまうんです。いいとか悪いとかではなくて。このことを多分今の小中学生を育ててるお父さんお母さんはわかっているんだけど、そういう自然がなかなかないぞと。

どうしたらいいと思いますか？　子どもたちから見るとなんでもできちゃう、スナックキャンディみたいな解放区があるといいのだけど。

西野　スナックキャンディでは、子どもキャンディをやっているときがあるんですよ。お父さんお母さんが一緒に来ているのですが、子どもがママになって働いていたりして。キッザニアのような、子どもが職業体験に行くやつがあるじゃないですか。

藤原　まじですか（笑）。

西野　子どもはめっちゃ勉強するんで。お金の計算も自分たちでやれと言って、こうやったら物が売れるんだと勉強していくので、それは面白いですね。そういう場所を作っちゃえばいいですね。

藤原　遊ぶ場としては、地域社会というか、なんとなくコミュニティというものがありましたよね。

僕は公務員住宅に住んでいたのですが、住宅と住宅の間に必ず公園があって、昼になるとお母さんたちがベランダから顔出して「カズくんお昼よ」とか言うと、みんながわーっと帰るみたいな。

僕は一人っ子だったけど、そこにはかまってくれるお兄さんやお姉さんがいて。お父さん・お母さんと自分というタテの関係ではなくて、お兄さん役・お姉さん役・おじさん役・おばさん役といったナナメの関係がある地域社会も相当後退してるか、なくなっちゃってる。

西野　それはオンラインサロンに移されている気がしますね。今自分のオンラインサロンには1万7000人いるんですよ。一見、ファンコミュニティみたいな感じではあるんですけど、ちょっと違う。僕が何か発信して1万7000人が聞いてるというのではなくて、僕のいないところで新しいコミュニティ、たとえばプラモデル部とか子育て部ができあがってるんですね。子育て部なんて1000人くらいいるのですが、その子育て部には僕は入ってないんです。

そしてそこで勝手にイベントなどをやっていて、大人も子どもも普段は知らない同士だし、3歳の子もいれば12歳の子もいてもうごちゃ混ぜで。一見カオスなんですけど、ちゃんとそこには秩序が生まれていて。ちょっとお兄ちゃんは下の子に何か教え

てあげたり、「そんなことやっちゃだめだよ」と注意していたりする。当時の公園みたいな感じに今なってます。

藤原　オンラインコミュニティの中でね。

西野　近所では決してないんですけど。

藤原　それでも、西野さんのテイストが好きみたいなのが、ひとつの軸になってるんだね。

西野　街に住む感じに近いかもしれないですね。街に住民税を払ってるじゃないですか。お洒落な街に住みたい人は吉祥寺に住んで住民税を払っているし、いい暮らししたい人は白金に住むみたいな。みんな街を選んで、選んだ街に住民税を払う。あの感じですね。

藤原　あの感じでオンラインサロン。

西野　西野の感じが好きな人同士が集まって

るからそもそも衝突が少ない。コミュニティの未来はオンラインのほうにいってる感じがしますね。

第2章

初のプログラミングの仕事は中学時代に

堀江貴文

堀《ほり》江《え》貴《たか》文《ふみ》

1972年福岡県八女市生まれ。実業家。SNSmedia＆consulting株式会社ファウンダー。現在は宇宙ロケット開発や、スマホアプリ「TERIYAKI」「755」「マンガ新聞」のプロデュースを手掛けるなど幅広く活動を展開。有料メールマガジン「堀江貴文のブログでは言えない話」は1万数千人の読者を持ち、2014年には会員制のコミュニケーションサロン「堀江貴文イノベーション大学校」（http://salon.horiemon.com/）をスタート。『ゼロ』（ダイヤモンド社）40万部超、『多動力』（幻冬舎）、『本音で生きる』（SBクリエイティブ）30万部超などのベストセラーがある。近著に『バカとつき合うな』（徳間書店　西野亮廣氏と共著）、『10年後の仕事図鑑』（落合陽一氏との共著。SBクリエイティブ）、『好きなことだけで生きていく。』（ポプラ社）、『すべての教育は洗脳である』（光文社新書）など。

ホリエモンは、ドラゴン桜副読本『16歳の教科書』（講談社）からの古い付き合いのコルク代表・佐渡島庸平さん（人気漫画『ドラゴン桜』や『宇宙兄弟』の編集者）が紹介してくれた。生意気でいけ好かないやつかと思いきや、愛嬌があって人懐こい人物だとわかり、すぐに意気投合した。

「堀江貴文イノベーション大学校（HIU）」で講演してほしいというので、「キャリアの大三角形で100万人に1人の希少性をゲットしよう！」という話をしたら、「これ、絶対にいい！」とホリエモンが絶賛。そうして『藤原先生、これからの働き方について教えてください。』（ディスカヴァー・トゥエンティワン）に結実し、今では私の講演のメインコンテンツに昇格している。

この「キャリアの大三角形」理論によると、ホリエモンも大きな大三角形を作ったことで、信用が極大化したように思える。

三角形の一つの辺は中学時代からはまったプログラミング。久留米では有名な天才中学生プログラマーだった。その後、東京大学在学中に、売り出し中の小室哲哉さん系のホームページなどを手掛け、オン・ザ・エッヂ創業。ここから二つ目の辺としてIT起業家としてのキャリアがはじまる。ライブドアまでは一直線だ。

ただし、その後のホリエモンのユニークさは際立つ。不幸な事件にあって収監されてしまうからだ。これでめげたら、そのまま、お決まりのIT会社経営者で終わったのかもしれない。ホリエモンは塀の中で本を読みまくり、社会とは、人間とはという哲学的な問い掛けから、最新の仮想通貨の知識までを読み解いていく。

出所してすぐに出版された『ゼロ』を読めば明らかだが、3つ目の辺として、人々に新しい価値観、とりわけ仕事の仕方や人生のあり方を問う、一種の哲学者の道を歩みはじめた。

今では、高校生までも、ある事象に対してホリエモンがどういう発言をするかに注目している。ツイッターのフォロワーは300万人以上だし、人気ニュースサイト「NewsPicks」はホリエモンをフィーチャーしてブレークした。ホリエモンは、プレゼンテーションのリテラシーに強く、コメントに説得力があるからだ。

5歳のときに怪我をして1か月幼稚園を休んだ間、暇だったので、家にある百科事典を片っ端から読んだという。ネットサーフィンするオタクのように。いや、実際、彼は今でも知識オタクだ。よくそこまで知ってるよなあ、と呆《あき》れることも多い。

そのオタクが、なんかみんなと好みが違うという違和感を大事にしながら、やがてプログラミングにはまっていく。

入学祝いでもらった初期のパソコンでは飽き足らず、最新のパソコンがほしいという堀江少年に「お金は貸してやるからバイトして返せ」と親は告げた。少年は新聞配達を続けて憧れの名機をゲットする。目標のためにはひたすらオタクっぽく努力する人なのだ。そうなると、遊ぶためのゲームソフトがほしいのだが、買えない。だったら、自分で作るしかない。それがすべてのきっかけだ。

強制的に習わせていた柔道を嫌った堀江少年が練習をサボると「お前を殺して、私も死ぬ！」と包丁を突きつけて叱ったという激しい母。やがて、この母の支配から逃れ、プログラミングという言語を武器にして、走りはじめる。

今度はその「多動力」で、高校を創立するのだという。慕う弟子も多いから、江戸末期に松下村塾を主宰した吉田松陰の役割を果たす可能性もある。

「君の居場所はここじゃない！」と告げて久留米に行けと故郷から追い出した、星野先生も立派だ。

今回はすべて対談にしている。

子どもの頃からゲームチェンジャー

堀江貴文

遊び好きなゲームチェンジャー

藤原　早速小さい頃の話を聞いていきたいんだけど、子どものころは福岡の八女市にいたんだよね。どんな遊びをしてたの？

堀江　穴掘ったりしてましたね。幼稚園の頃は、家の新築工事をずっと見ていたこともあって、土木系の遊びにハマっていました。その頃は、大工さんや左官屋さんになりたかったんですが、興味がわいたら、すぐその職業になりたくなるんです。飛行機に乗ったらパイロットになりたいし、『MASTERキートン』を読んだら考古学者になりたくなるし、『ブラック・ジャック』を読んだら医者になりたくなる。そんなやつでしたね。

小学校では、秘密基地を作るのが好きで。でも、遊びの中では、学校のテストの点は良かったんだけど、ドッジボールとか体を動かすスポーツ系の遊びは思うようにできなかった。それが当時不満だったんですよ。

そこで、どうやったら他の奴よりも優位に立てるかを考えて、ドッジボールではなくて知的な陣取りゲームを流行らせるとか。

子どもって、目先のものが面白ければ、誰が裏で糸を引いているかまで気づかないじゃないですか。

藤原　その頃から、ゲームチェンジャーだったんだね。あとは、『ゼロ』で読んだけど、幼稚園のときからよく百科事典を読んでいたんだって？

堀江　それを聞いて、「ホリエモンみたいになるには百科事典を読ませればいい」と勘違いする親がいるんです。でも、たまたまこのときには百科事典しかなかっただけで、知的好奇心の強い子どもとしては、それを読まざるを得なかったんです。今だったら、インターネットでしょうね。もし僕が今幼稚園児だったら、スマホにはりついているかもしれない。

パソコンとの出会い

藤原　中学は、地元にある公立中学ではなく、久留米大学附設中学校に入学して、その大変優秀な中学の入学祝にパソコンを買ってもらったんですよね。これも『ゼロ』に7万円と書いてあったけど、当時としては高かったんじゃないの？

堀江　そうでもないですよ。僕が本当に欲しかったPC88は25万円くらいしました。買ってもらったのは、日立のパソコン。父の勤務先がもともと戦前は日立グループの会社だったこともあって、社販で購入したんです。

藤原　当時から、自分でプログラミングもしてたの？

堀江　雑誌についていたサンプルプログラムを打ち込んで、それをちょっとずつアレンジしたら、思うようにアレンジもできて。最終的にはプログラミングの雑誌に投稿したりして、それが掲載されると1万円もらえるんです。

また、その頃バイト先で、システムの移植をしてくれと声をかけられて。そのときの、日立のパソコンからＰＣ88に移植するという仕事が、僕の最初のプログラミングの仕事です。

報酬は10万円で、今考えると、安く引き受けてしまったなと思います。ソフトハウスに発注したら、１００万円はくだらない仕事でしたね。

藤原　今プログラミング教育がはじまろうとしているけれど、やっぱり向き不向きはあるのかな？

堀江　あると思いますよ。それでも、やらないよりは、やるに越したことはないでしょう。本来なら子どもに個別にあったテーラーメイドの教育をするべきなんでしょうが、今の公教育の枠組みが変わらない中でなら、ベターな選択じゃないんですか。

で、もっと最新の話で言えば、パソコンでなくて、スマホでいいのかなと。今のプログラミングは、僕の時代とはまったくレベルが違って、オリジナルで書く部分はほとんどなく、非常に簡単にプログラムできるようになっているし。たとえば、フォトレタッチ（画像データや写真の編集・修正）にしても、昔はPhotoshopのような専用の高価なソフトを買わないとできなかったけど、今はiPhoneの３００円くらいのアプリで簡単にできてしまいますからね。

ゼロ高校

藤原　2018年10月に「ゼロ高等学院（ゼロ高）」を開校したそうだけど。

堀江　僕が、まさかの校長先生です。

藤原　ゼロ校でやりたいことは何？

堀江　普通科の高校の3年間や、大学に行くための受験勉強は、社会に出たときに役に立たないことが多すぎて時間がもったいないなって思って。そこで、通信制の高校をOEMして、座学ではなく行動を重視する学びの場を作りました。

職人になるための修業がすぐできるとか、ロケット開発の現場に関われるとか、自分がなりたい職業にすぐにアクセスできるほうが、有意義な時間を使えるし、そのほうが向いている子もいるじゃないですか。

たとえば、寿司だって、1か月で握れるんですよ。要は、センスなんです。

ゼロ高にも講師として一流の寿司職人がいます。プロから市場での魚の選び方やおもてなしの仕方、魚の切り方まで直に教えてもらえる。センスのいい子なら、3か月

で開店できるかもしれない。ＨＩＵのメンバーには、パトロンとして出資してくれそうな人もいますから、この制度が活きれば、ミシュランだってとれるかもしれない。高校生寿司で有名になって、大人たちに応援されて、稼げるようになっていくと面白い。

藤原　ゼロ校については、自分の名前を持ってくることは考えなかった？　どっかＮ高校とかぶっちゃうんだよな。

堀江　いいんですよ、かぶって。やっていることは違いますから。

たとえばロケット。まず高校でロケットについて教えているところはないでしょう？　でも、ロケットを作りたい子は結構いると思うんですよ。だけど、大学で航空工学や宇宙工学を学べるところに行っても、ロケットエンジンの実験や設計なんかできないですからね。

藤原 卒業しても、JAXAに勤めるしかないのかな。

堀江 JAXAに入っても、めったにできないです。新しいロケットエンジンの設計は、15年から20年に1回くらいしかしないから。うちだと、ロケットの構造すべてに関われるんです。実際、うちのロケットの実験場に東大の博士課程の子が論文を書きに来てますからね。

藤原 今は、学校はなくていい、という批判もあるけれど、確かに日本の学校システムというのは、皆を標準化する装置なんだよね。でも逆に、僕は標準化を強烈にやればやるほど、そこから逃れてとんでもなくクリエイティブな奴が出てくるという感じもしている。

たとえば欧米のパブリックスクールに憧れる人もいるんだけど、ものすごく規律が厳しいし、大変。そのかわり授業の内容は、日本の学校よりも哲学っぽいことをやっていて、高校の2~3年で、人間とは何かとか世界とは何かとか、君は世界をどう救えるのかみたいなことばかりやるんだよね。そこは、哲学をしない日本の高校とちょっと違います。

堀江　人間とは何かについては、『サピエンス全史』(ユヴァル・ノア・ハラリ著　柴田裕之翻訳　河出書房新社)や『嫌われる勇気』(岸見一郎・古賀史健共著　ダイヤモンド社)あたりを読んでおけばいいんじゃないですか。『サピエンス全史』は漫画化もされているから、漫画で読んでもいい。あとは竹中平蔵先生と佐藤雅彦さんの『経済ってそういうことだったのか会議』(日経ビジネス人文庫)。

藤原　そこに教科書としてもう1冊『10年後、君に仕事はあるのか?』(藤原和博著　ダイヤモンド社)も加えてほしいな(笑)。

最後に、今、ホリエモンは子育てしてないけど、もし子どもがいたとしたら、これだけは絶対やらせるとか、やらせない、とかそういうことはあるの?

堀江　親の役割は、見返りを求めないパトロンみたいなものだと思っているので、子どもが「やりたい」と言ったことにお金を出す。ただし、投資家ではないから、リターンは求めない。寄付です。求めてはいけないと。よく「わが子に投資」というけれど、投資するのではなく、あげるんです。

第3章

ぶれない戦略家

前田裕二

前《まえ》田《だ》裕《ゆう》二《じ》

1987年東京都生まれ。2010年に早稲田大学政治経済学部を卒業後、UBS 証券株式会社に入社。2011年、UBS Securities LLC に移りニューヨーク勤務を経た後、2013年に株式会社ディー・エヌ・エー入社。“夢を叶える” ライブ配信プラットフォーム「SHOWROOM（ショールーム）」を立ち上げる。2015年に当該事業をスピンオフ、SHOWROOM 株式会社を設立。ソニー・ミュージックエンタテインメントからの出資を受け、合弁会社化。

現在は、SHOWROOM株式会社・代表取締役社長として、SHOWROOM事業を率いる。2017年 6 月には初の著書『人生の勝算』（幻冬舎）を出版、Amazon ベストセラー 1 位を獲得。2018年12月に新刊『メモの魔力』（幻冬舎）を発売。

前田裕二さんのことはキングコングの西野さんから教えてもらった。あの秋元康と堀江貴文の両氏が激賞しているという。誰もがスターになれる仮想ライブ空間「SHOWROOM」の創業者だというが、あまりテレビを見ないし芸能音痴なのでピンとこなかった。

でも、グロービスの「あすか会議」で1時間の講演を丸ごと聞き、『人生の勝算』（幻冬舎）を読み直して、これはタダモノではないと恐れ入った。

その本の第1章「人は絆にお金を払う」で語られているのは、母を8歳で亡くした壮絶な生い立ちと、食い扶持《ぶち》を稼ぐために小学6年生から街頭に立って弾き語りを業《なりわい》とする物語だ。公務員の家に生まれ、景気の良さも悪さも意識せずに育ったわが身とは正反対の境遇である。

ところが、この本の後半にかけて披露される彼の仕事に対する考え方には似た匂いがし、共感した。

何に恐れ入ったのか……それは、その子どもの頃からの戦略性だ。

わかりやすいので、本文とかぶっても再度この例を挙げたい。ある日「赤いスイートピー」を歌っていたら、聴いてくれた40代の女性から「白いパラソルって知ってる?」と聞かれた。これも松田聖子の往年の名曲だ。前田少年は一瞬迷ってから「僕、知らないので今は歌えません」と答える。やりとりがここで終われば物語は断ち切られていたはずだ。少年は続ける。「でも、来週水曜日の同じ時間に、もう一度この場所に来てもらっていいですか?」と。

もしかしたら彼女はライブで聴いた「白いパラソル」が印象的で忘れられないのかもしれない。でもここで歌っちゃったとしても、小学生の歌が松田聖子を超えられるはずがない。ギターケースに放り込まれる投げ銭はせいぜい500円だろう。それより1週間待ってもらって一所懸命練習して歌えるようにしたらどうだろう。お客さんは、自分との共同作業に喜びを感じ、1週間のプロセスそのものを楽しむことになる。だから、来週になれば、その物語に対してもっとお金を投じてくれるかもしれない。

最初はオリジナル曲を熱唱していたのだが、誰も足を止めてくれなかった。そりゃあそうだよなぁ……歌詞が自分とは関係ないし、ましてや小学生が歌ってると何か事情がありそうで怖いもんな、と相手の身になって反省。その後テレサ・テンや吉幾三などのレパートリーを増やしたり、葛飾から白金に場所を移したり。

試行錯誤を重ねて、ようやくリクエストがくるようになった。少年はお客さんと物語を共有する道を探り、焦らしてからリクエストに答える方法をとった。キンコンの西野さんはこのやり方を「お客さんと共犯者になる」と呼ぶ。

1週間後、「白いパラソル」を聞きに来てくれた彼女は1万円札を入れてくれた。

相手が何を考えてそうするのかを自分のことのようにアタマに浮かべて対処する。ロールプレイのリテラシーが圧倒的に高いのだ。

もしかしたらそれは、厳しい環境で大人の顔色を見ながら生き抜かざるを得なかった境遇から獲得した面もあるのかもしれない。一人っ子の僕にも同じようなところがあるから、わかる。

出自がどうでも、国籍がどこでも、ネット上に籍があれば出番がある。見た目に自信がなくても、障がいやコンプレックスがあっても、キャラを立てて出演すればファンをゲットできる。

前田さんがそうであったように、両親がいなくて、貧乏でデビューするお金がない小学生であったとしても、その一所懸命な努力と熱量がフェアに報われる仕組み。それがSHOWROOMという舞台なのだと思う。

人生の手綱を自分で握るために

前田裕二

母の愛情の記憶、喪失の記憶

僕の家族の記憶は、母と10歳年上の兄との間の出来事がすべてです。

父は、僕が3歳のときに亡くなりました。だから僕は、父のことをまったく覚えていません。

小さい頃の一番遠い記憶は、僕が多分まだ幼児の頃、命に関わるような風邪を引いて、母と一緒に寝ている場面です。

そのとき、母が一所懸命看病してくれていたことをよく覚えています。特に覚えているのは、僕の鼻水を口で吸ってくれたこと。決してきれいに思えることじゃないですが、昔、専用の用具（鼻吸い）がなかったころ、お母さんたちの中には、そうやっ

幼少期

て処置をする方もいたのだそうです。記憶が鮮明なのは、当時、幼いながらも、「僕の看病のためにそこまでしてくれるんだ」と感じていたからかもしれません。

そのときの、母がそばにいてくれた安心感と、鼻を吸われるときの包み込まれるようなあったかさを今もよく思い出します。僕が母から受けた大切な愛情の記憶です。

母は、僕が小学2年生、8歳のときに亡くなりました。

そのときのことは、映像として頭の中に鮮烈に残っています。そこからは、兄と二人で、親戚の家に引き取られて生活することになりました。

母がいなくなったことがあまりにショックで、僕は生きる上でのモチベーションを失いました。何を希望に生きればいいのか、生きていて何が楽しいのか、何でお母さんが死ななきゃいけないのか。その理不尽さに納得ができず、そこからの僕は、負のモチベーションで生きていました。兄と二人きりという環境に対してよりも、母を亡くしたという運命に対して、煮えたぎるような感情を抱いていました。

暮らしは、決して楽ではありませんでした。そんな状況をどうにかはね返したかったけれど、8歳や9歳では、バイトすらできません。不利な環境を自力で乗り越えようとしているのに、「まだ子どもだろう」と、それを認めない社会に対して、僕は「おかしいじゃないか」と、大きな不条理を感じていました。

兄のために生きようと決める

母が亡くなって、つらい境遇に置かれたのは兄も同じ。ですが、兄は一切腐ることなく、僕を養ってくれました。兄は当時18歳。高校3年生で、医学部への進学を目指していました。その夢が断たれて希望を失い、その上、弟という負担もありながらも、どうして大丈夫だったのか。そのことがずっと不思議で、大人になって二人でお酒を飲んだときに、思い切ってたずねてみたんです。

そうしたら兄は「お前が俺の希望だったからだ」と言ってくれて。僕が、兄を幸せにする生き方をしようと思っていたのと同じように、兄も僕のことを想っていてくれた。

僕は、自分が兄にとって邪魔な存在じゃないかとずっと思っていたんですが、それが逆だったとわかって、ありがたいなと思いつつ、なんだかすごく涙が出てきて。

北区に「あらかわ遊園」という遊園地があるんですが、小さい頃、兄が僕をママチャリの子ども席に乗せて、片道30分以上かかる道のりを、いつも連れていってくれたことを覚えています。「兄ちゃん、何でこんなに遊園地が好きなのかな」って思うくらいに（笑）、本当によく連れていってくれました。

でも単純にそれは、兄が、僕を喜ばせるためだった。兄は、弟が少しでも楽しくしているためにはどうしたらいいかをずっと考えてくれるような人なんです。

僕は、「一緒に遊ぼうぜ」って接してくれる兄貴っぽい面と、「俺がいるから大丈夫だ」と包み込んでくれる父親っぽい面の両方を持つ兄のことを、とても大事に思っています。少し不思議な関係性なんですが、唯一無二の宝物です。

兄の愛情がなければ、僕は、本当に、どんな生き方をしていたかわからないです。

路上で身につけた「生きるため」の戦略

生きるため、お金は稼がなきゃいけない。だけど、兄を悲しませるような方法は嫌だ。人を喜ばせてその見返りとしてお金をもらうなど、胸を張れるやり方で稼いでいこう。僕は子どもの頃から、そんなことを考えていて。じゃあどうしようかと部屋の壁にふっと目をやったとき、親戚のおばさんの息子さんからもらったギターが立てかけてあったんです。

「そうか、これを弾いてお金をもらうって、いいんじゃないかな」

こんなちょっとした思いつきが、路上で弾き語りをはじめるきっかけでした。

この頃から手が人より大きかったので、コードをいくつか覚えれば、ギターを弾くこと自体はわりとすぐにできるようになりました。それで、早速オリジナル曲を作って路上で歌ってみたんです。なぜオリジナルかというと、希少性の観点でした。よく流れている歌謡曲や、みんなが知っているJポップより、オリジナルのほうが「僕しか歌えない」という尺度で価値があるので、たくさんおひねりをもらえそうだと考えたのです。

ところが、道行く人は全然足を止めてくれませんでした。そこで次は、オリジナルから、みんなが知っているカバー曲に切り替えます。今一度冷静に通行人側の目線に立つと、カバーのほうが「あ、この曲知ってる」と最初の興味を引くんじゃないか、と思って。そこで懐メロを歌っていると、「こんな小さい子がどうしてその曲を知っているんだろう」と、本当に狙い通り興味を示してくれる人が出てきました。

あるとき、松田聖子さんの「赤いスイートピー」を歌った後に、聞いてくれていた女性が、「『白いパラソル』って知ってる?」と僕にたずねてきました。このとき、「知りません」と言えば、そのお客さんとの関係は、ギターケースに入れてくれる数百円のおひねりで終わったでしょう。そこで僕は、「ごめんなさい、知りません……。だけど、もし、来週の同じ曜日、同じ時間に、ここに来てくれたら、そのときまでに練習してきます！」と約束をとりつけたんです。

そして、そこから1週間、僕は『白いパラソル』を猛練習してマスターし、次の週に来てくれた女性の前で曲を披露しました。女性は、じっと僕の演奏を聴いてくれたあと、1万円札をケースに入れてくれました。

こんなふうに、お客さんとの間に小さい、だけど特別な絆をつなぐことで、そのお客さんにとって価値ある体験を提供できれば、人はお金を払うんだということを学びました。詳しくは、僕の著書『人生の勝算』に書いていますが、僕は、お客さんとの間にそんな関係を築いていくことで、おひねりの額を増やしていきました。

路上の弾き語りを通じて僕は、「自分がいいと思っているもの」を一方通行で伝えても、なかなか人の心は動かない。それよりも、「相手がいいと思うもの」が何なのかを真剣に考えて伝えていかないとだめなんだ、ということを痛感させられました。

たとえば、自分がサラリーマンだとして、その日会社でいろいろあって疲れていて、帰り道で小学生が歌っている。それを見たときに……とか、いろいろな人の1日のシナリオを考えてみる。一度真剣に相手の立場に立ってみるんです。路上で歌う小学生の自分は、その人にどんなふうに見えるんだろう。何をしたらはっとしてくれるんだろう。その繰り返しだったと思います。

もちろん今でこそ、このように整理して説明できますが、最初からここまで考えられていたわけではありません。数多くの失敗や試行錯誤、紆余曲折を経て、最終的にこういう結論にたどり着いたというのが本当のところです。

人生の手綱《たづな》は自分が握る

僕のそういう生き方に対して、「若いうちからとても戦略的だ」と評価をいただくこともあるのですが、自ら望んで戦略性を持ちたいと思っていたわけでは決してないんです。

むしろ、戦略性を「持たざるを得なかった」というのが正しいかもしれません。

というのは、文字通り、本当にハングリーだったから。小5、小6の自分がなぜそこまで必死だったかって、毎日お腹が減っていて、辛かったからです。「昨日もおひねりが少なかった。もし今日も同じだったら、寝るときお腹すいて苦しいよな。どうにかしないと！」というふうに、毎日思ってました。

本能に近いギリギリの部分で、いつも黄色信号が点滅しているような、そんな状態を抜け出すにはどうしたらいいのか。とにかく毎日、必死で考えるしかありませんでした。

路上での弾き語りをはじめて数か月間の収入は、月に500円いけばいいほう。1日に使えるのは、10円とか20円という世界です。そのお金を持って駄菓子屋に行き、魚のカツにソースがかかったようなのとか、なるべくカロリーの高そうなものを買って食べていました（笑）。時には、友だちの家に行って、白い御飯だけをもらうこともありました。どの家庭でも、御飯は結構余っていたから。

でも、「御飯すらないのか、かわいそうに」って思われるのがなぜかすごく嫌で、そのうち、コンビニを回って、廃棄処分にする余ったお弁当をただでもらうやり方を身につけました。

初めのうちは毎日弁当にありつけていましたが、あまりに僕が廃棄処分を日々貪欲にもらいにくるもんだから、ちょっとコンビニ側にも煙たがられはじめました。そしてある日、コンビニの店長が替わったことをきっかけに、それまではタダでもらえていた弁当が、格安で店先に並ぶようになりました。これはもう衝撃です。もちろん、店の人にしたら、タダで僕にやるより、少しでも値段をつけて売ったほうがいいと判断したわけですが、なんだかハンマーで頭を叩かれたような感覚になりました。強烈に、「僕の人生は他人によってコントロールされている」と思ったんです。

他人をあてにして、それが外れたとき、今日食べるものがなくなるような状況ではだめだ。自分の人生の手綱は、自分が握らないといけない。

それは端的に言えば、「自分の自由になるお金を持つ」ということだと思いました。そうすれば、ファミレスだろうがコンビニだろうが、自分が主体になって、今日食べるものを選ぶことができます。「生きていく上では、お金が強さの象徴なんだ」と、そのとき痛感しました。

自分で自分の人生の手綱を握る。ビジネスだって同じです。もし自分が著名人だとして、今大人気の売れっ子で、CMやテレビ出演の仕事がたくさん入って、ギャラがたくさん入ってくるとしましょう。それは一見すると、一つの成功モデルのように見えます。

ですが、その構造というのは、僕がかつてコンビニで余り物の弁当をもらっていたときと似ているのかもしれません。今この瞬間、いくら大きな食い扶持があっても、ある日弁当がもらえなくなったらどう生きていくのか。あのときの僕のように、何かをきっかけに、それまでついていたスポンサーが一斉に降りてしまえば、その瞬間から、自分の生きていくパワーは消失してしまう。

僕が外資系の投資銀行をやめてSHOWROOMを立ち上げたのも、一つには、この、客体から主体へ・依存から自立へ、というロジックがあります。自分の人生を自分でコントロールしたいと思っているから。いくら高い報酬を約束されて、大きな仕事を任されていても、自分の時計を誰かに預けた状態——上司に評価されたり契約で縛られたりしている状態では、自分が主体になることはできないのだろう、そう感じています。

たとえばキングコング西野さんや堀江（貴文）さんのように、自分主体で、個体の論理で生きている人は、一時的な人気の上下にまったく影響されずに、やりたいことを自由にやれていますよね。多少叩かれることがあったって、かえって人気が上がるくらい。

これから、僕らが目指さなくてはならない生き方は、そっちかもしれない、と思うんです。

小5で入った、二つのスイッチ

兄に殴られた小5の終わり頃、兄を幸せにする生き方をしようと決めた僕には、二つのスイッチが入りました。一つは、前にもふれましたが「人を喜ばせてお金を稼ぐ」というスイッチ。もう一つは、「しっかり勉強する」というスイッチです。

理由は簡単で、学校でいい成績をとると、兄がとても喜んでくれたからです。そのとき「いい通知表をもらってきたら、兄ちゃんはこんなに喜んでくれるのか。こんなに簡単なことはないじゃないか」と思いました。勉強は特別に好きではなかったのですが、兄が喜んでくれる顔が見たくて、それだけで勉強していたら、いつのまにかだんだんと勉強することにハマっていきました。

なかでもハマったのは英語です。おそらく最初のきっかけは、「音」だと思います。というのも、路上で歌うオリジナル曲を作るための教科書としていつも洋楽を聞いていて、英語の音やリズムに慣れていたのが大きかったのかなと。たとえば流行りのJポップは、コード展開が少し複雑で、セブンス（コードの一つ）などいくつものコードを使う曲が多いのですが、スタンダードになっている洋楽曲は使用するコードも少なく、コード進行もシンプル。ビートルズのような、耳に残る古典的な名曲群を聴いては、それらを参考に曲作りをしていました。

大学受験も、都立高校出身なんですが、得意の英語を活かして、早稲田大の政治経済学部に現役で合格しました。「創立以来初めてだ」と、校長先生が物凄く喜んでくれたのが、妙に嬉しかったのを覚えています。

英語って、たまたま英語圏の環境に産まれなくても、後天的な努力次第でこれだけの成果が出るんだということを証明する絶好の材料だと思っていました。だから、人一倍、いや人の何倍も力を入れて勉強しました。早稲田の政経を受けようと決めた当初は、この高校で受かった人は一人もいないから絶対無理だと言われていたのですが、そう言われて、逆に燃え上がってしまいました。

まず大学入試というゲームのルールを勉強して、絶対に受かるための作戦を立てました。そして、戦略的にセンター試験を受けないと意思決定して、私大一本でいくと決めました。「受けた学部は全部受かる」と周囲にも宣言し、何もかも忘れて勉強に没頭しました。その甲斐もあって、受けた大学・学部はすべて合格しました。

過度の集中癖は昔から。今でも集中すると、「あ、今日何も食べていないな」と気づくことがあります。客観的に見たら変な人間ですけど、しょうがないんです、やりたいことがあると……。

ルールを作る遊びにハマる

ハマると言えば、小さいときは、遊びのルールを考えるのが大好きでした。5歳くらいには、兄と毎日新しい遊びを作りまくっていたのを覚えています。とはいえ、内容はいたってシンプルなもの。30秒とか1分とか制限時間を決めて、その間みんなでボールを回し合い、残り時間ゼロのときにボールを持っていた人が罰ゲームを受けるとか、そんなものです。爆弾ゲームと呼んで遊んでいました。ただ、罰の内容には「その地域で一番怖いと有名な○○さん家に突撃訪問」といったように、仲間うちでしか通じないからこそ面白いネタを設定していました。遊びのルールは、兄と僕とで交互に出し合っていました。兄が面白いものを考えてきたら、僕もそれよりも面白いものを考えようと張り切ります。

あと、当時流行っていた戦隊ヒーローものに関連させたゲームを考えたりもしました。子どもって、テレビでやっている戦隊ヒーローになりきって遊ぶのが好きですよね。僕も最初はアニメを見て喜んでいるだけでしたが、だんだん、既存のものをそのままなぞって遊ぶより、それをベースに、自分たちだけのヒーローものを作りたくなってきたんです。

「まず『○○レンジャー』など、自分たちのオリジナルの名前を決めよう。次は何のために戦うのか、大義を決める。敵はどんな組織になっていて、最後の必殺技は……」という具合に。誰かの考えたシナリオや設定を演じる側よりも、自分で自由に設定ができる作り手側に回るほうに、手応えや面白さを感じていました。

中学生になると、自分の好きなことを掛け合わせた遊びを作りはじめました。

僕は星新一さんが大好きでたくさんの作品を読んでいました。あまりにたくさん読んでいたので、そのうち、自分でも小説を書いてみたくなったんです。一方、クラスではその頃、授業中に手紙を回すのが流行っていました。そこで、両者をブレンドした、「自作のSF小説を授業中に回して読んでもらう」というゲームを編み出したんです。

文体は「N氏は、朝起きると、隣に……」といったようなSF調。登場人物は、みんながつい話題にしてしまういじられキャラの先生など、他の書き手からの共感を得られるような人たち。小説にしたのは、いざバレたとき、「手紙じゃないんです、文章の練習です」というふうに、大人が怒れない理由を作りたかったのもありました（笑）。

今考えると、浅はかです。

実際に見つかったときも、当時すごく反体制的だった僕は、先生に反論しました。「授業を聞いているより、文章を書いて表現力や創造力を磨いているほうが役に立ちます。先生は今、僕たちの表現力や創造力を磨いてくれていますか？　用意してきたノートを、ただ黒板に書き写しているだけでしょう」って（笑）。とても生意気でしたね。先生、ごめんなさい。

学生時代に僕が必死で勉強した英語は、国際社会でコミュニケーションをとるための共通言語、つまりルールです。今考えると、場やルールを設定することに早くから強い関心があったのかもしれません。

自分って何？　SHOWROOMのはじまり

今思い返すと、母親が亡くなって、弾き語りで貧乏を乗り越えたあと、中学入学前後くらいから僕は、自分とは一体どういう存在なのかを、深く考えはじめていました。

2013年にスタートしたライブ配信サービスのSHOWROOMは、国籍や性別や出自などに関係なく、誰もがスターになれる仮想ライブ空間です。最近だと、バーチャルキャラクターで誰でも生配信ができる機能を提供したり、VR事業にかなり注力していますが、それも、バーチャルキャラクターが自己表現をするうえでの一つの（障がいやコンプレックスに対する）防御壁になってくれたらいいな、という考えからです。

このように、極端に言えば、人種がどうであろうと、実際の国籍があろうとなかろうと、ネットの中に国籍が——居場所があれば、そこで自分自身を表現できて、ファンがついてくれることは十分あり得ます。

歌う姿が一所懸命だったり、何か人に訴えるものがあったりして、その子のストーリーに共感し、応援してくれる人が増えれば、ファンの応援も増えます。その応援の熱量が仮想通貨などに変換され流通するようになれば、僕が路上で弾き語りをしていたときのように、演者が実際に報酬も得られるようになるでしょう。

国や国家というものが認めなくても、ファンが認めてくれさえすれば、そこで承認されれば生きられる。僕は、これからはそんな分散型の社会になっていくかもしれないと思っています。今、ブロックチェーンの技術を、難民やホームレスなど身分証明を持たない人の信用供与に使おうという試みが行なわれていますが、その発想に近い。

ＳＨＯＷＲＯＯＭでファンがギフティングをしているということ自体が、何よりも、彼らの存在証明だという社会がつくれたら、すごくあったかいと思うんです。

対談 前田×藤原 backroom

誰かに強烈に愛された経験がある人は、一歩を踏み出すことができる

藤原　前田さんの「一寸法師が3センチくらい小さくて弱っちくても、気持ちの強さ次第で、鬼をも倒すことができる」という言葉が好きなんだけど、まさに今、前田さんはそういう世界を作ろうとしているよね。大成功してほしいし、SHOWROOMを世界に持っていってハリウッドを超えるようなことになれば、すごく面白いと思う。ところで、アメリカからはYouTubeが出てきたけれど、SHOWROOMみたいなサービスは出てきてないの？

前田　あるにはあります。10代に人気のあるYouNowとか。

藤原　エンターテインメントの世界は、アメリカのほうが相当規模が大きいよね。それなのに、なぜSHOWROOMのような形式はあまり流行らないんだろう。

前田　その理由は明確で、コンテンツに対して、日本はプロセスを消費する文化だけれども、アメリカは完成形を消費する文化だからです。

日本は、秋元康さんやつんくさんによる功績が大きいと思うのですが、「プロセスこそコンテンツだ」という価値観が主流になってきています。代表的なものはＡＫＢで、アイドル市場だけでも、市場規模は１０００億円を超えると言われています。

一方アメリカでは、たとえばオーディション番組を見ていても、圧倒的な技術やパフォーマンス力を持っている人が出てきたときに、はじめてスタンディングオベーションが起きたりする。エンターテインメントの「型」が日本とちょっと違うんですよね。もともと素人だった女の子がグループのセンターを目指して頑張る過程を応援するような「未完成を消費する」感覚が、アメリカのエンタメ市場にはまだ深く根づいてはいないんだと思います。

日本では、感覚が根づいているどころか、むしろそこに、完成に至るまでのストーリーにお金を払う市場がすでに成立しています。欧米だと、市場をゼロからつくることからはじめないといけないです。

藤原 プロセスにお金を払うっていうのは、相手を自分の夢に引き込むというのにもつながるよね。西野（亮廣）さんは「共犯者」という呼び方をしているけど。メーカーと消費者とか、出演者と視聴者という距離感とは少し違う。

僕がやってきた「よのなか科」という授業も、先生が主役ではなくて、生徒が主役、もしくは芸人という感じ。唯一絶対の正解ではないテーマについて、全員がそれぞれの納得解を探していくの。意見を言い合う場面もあるけれど、教師と生徒、参加している大人たちの区別なく、「いいね」と感じた意見には、SHOWROOMのギフティングみたいに賛同が集まる。

授業のゴールが決まっているわけではなくて、プロセスを全員で共有しながら作りあげていく。その意味では、プロセス消費型かもしれないな。

前田　同時体験型のものがみんな好きなんだと思います。渋谷のハロウィンも、年末のカウントダウンも。ネット上の実況もそうですよね。

藤原　前田さんがSHOWROOMを立ち上げていく過程を見ると、熱量のすごさに感動するんだけど。その、向かっていったらなんとかなる、というような根拠のない自信ってどこからきてるのかな？　お兄さんの存在が大きいのかな。

僕は、「誰かに強烈に愛された経験のある人は一歩を踏み出すことができる」と言ってるんだけど、どうだろう？

前田　まさにおっしゃる通りかと。僕、人から受けた愛情の総量を競うコンテストがあったら、きっと世界一になれると信じてます。ただし「総量」というのは、人数の合計ではなくて、一人の人間から受けた愛情の総量です。

物心がついた5歳くらいのときから、8歳で母がなくなるまでの3年間、母から受けたと感知している愛情の量がものすごかったんです。それと、兄から受けた無償の愛。

たとえ自分のいる環境や境遇がマイナス100としても、そのマイナスをプラスに変えることができたこれまでの力の源泉は、僕が受けた愛情の総量にあると思います。

藤原　今でも、やはり、お兄さんを喜ばせたいという感じはある？

前田　ありますね。でも、実は、そこはバランスが難しくて。

　僕は兄に喜んでほしくて仕事に全力投球してますけど、兄貴は、「もう仕事の成功はいいから体を大事にしろ」とか、「水をちゃんと飲め」とか、体のことをとにかく気にしてくれるんです。いまだに電話がくると、「水飲んでるか？」と聞かれて。

冷静に考えると、「水飲んでるか、ちゃんと」って質問、すごいなと思うんです。

まるで子どもに言うような初歩的なことですけど、僕に対して、そこまで細やかに愛情を持って接してくれているんだなってわかるから。

　身体に気をつけながら、同時に、これからも、兄の自慢の弟であり続けられるように、圧倒的努力を継続したいなと思っています。

第4章

人生は移動距離で決まる

亀山敬司

亀山敬司《かめやまけいし》

1961年石川県生まれ。19歳でアクセサリー販売の露天商から起業家人生をスタート。プールバー、雀荘、喫茶店など様々な事業を展開後、1980年代後半レンタルビデオ店を開業。1999年に株式会社デジタルメディアマートを設立（現：DMM.com）。現在は、DMM.com グループの会長として、動画配信、オンラインゲーム、英会話、FX、ソーラーパネル、３Dプリンター、VRシアターなど、業界の垣根を越え、多岐にわたり事業を展開している。

亀山さん（通称かめっち）には、G1サミットで旧友のヤフー社長・川邊健太郎と小澤隆生（通称おざーん）両氏が紹介してくれた。その後、NewsPicksのイベントで対談する機会があり、意気投合してそのまま宴会になった。

当時は奈良市立一条高校の校長として、建築後60年経って耐震構造が弱い講堂を建て替えるために奔走していたから、亀山会長は日本で9番目の金持ちと聞いていたので、半分シャレで「平城京の隣に『亀山記念講堂』を建てませんか？」と持ちかけた。

公立の小中高校の講堂や体育館のネーミングライツを売った例は過去にないから史上初。全国に建て替え必須の老朽化した学校の建築物はいくらでもあるので、民間資金を導入できれば税金が助かる。最初の例になれば新聞の一面を飾れますよとたたみかけた。

答えはNO。「そんなことしたら嫉妬のターゲットにされるでしょ（笑）」と返された。

見事である。イベントの最後のQ＆Aコーナーで参加者の子育て上の悩みに真摯に答えられていた姿を含め、派手なように見えるけれど、結構きちっとした人物なんだなという印象を強めた。だから、今回の子育て本の企画にもご登場願った。

亀山さんは石川県の漁村の格差の激しい（今で言えばダイバーシティの見本のような）環境で育ち、同じ屋根の下に同居していたキャバレーのお姉さん達からも可愛がられた。父親は「お前は大物になる」と息子を鼓舞し続け、母親は写真館が本業なのに海の家やらうどん屋やらをはじめるお父さんに文句も言わず、キャバレーのママさんまでを兼務しながら淡々と家業を支え続けた。

この家族を基盤にしたコミュニティの豊かさと多様さが、少年の「根拠のない自信」を育て、やがて20代となった亀山青年を世界放浪の旅に連れていく。インド、モンゴル、戦争中のユーゴスラビアと漂流して銃を突きつけられもした。そして怪しいバッジを売る露天商からはじまって、レンタルビデオ店経営、ＡＶの制作販売と生業の幅を広げ、様々な遍歴を経て、なんとも移動距離の長い人生を歩んできた。

その亀山さんが高校を作る計画があると聴いた。

パートナーは、地方のヤンキーを都会でインターン研修することで戦力化する事業をやっているハッシャダイの久世大亮さん。亀山親分の20代の子分である。

久世さんの名言に「人生は移動距離で決まる」というのがある。ヤンキーがイマイチ伸びないのは、生活圏が狭く世界観が小さいから。「学校での学力も社会に出てからの稼ぎも、その人間の移動距離で決まる」とまで言い切る。

言い得て妙だし、亀山さんを見ているとその通りだなとも思えてくる。「移動距離」というキーワードを「経験の幅」とか「経験値」と言い換えるとより納得できるだろう。だから、投資してあげて馴染みの生活圏から移動させることでヤンキーも高校生も伸びる可能性がある。自分の子どもについても言えるかもしれない。

その振れ幅の激しい移動でつかんだシミュレーションのリテラシーがDMMの経営にも生きている。これが来たら、次はこう来るだろう。ここまでのダメージなら、まあいいか。オッ、結構いけるな、じゃあもうちょっと進むか……そんな細かいシミュレーションの繰り返しで仕事を進めていく。

亀山さんはそれを「やってみてから考える」と言っている。FXや馬主サイトやCASHのような企業の買収も、英会話やAIやアフリカ事業も、そしておそらく新設の高校も。その「考える」はマッキンゼーの2by2マトリクス分析のようなものではないだろう。もっと泥臭くてしつこいシミュレーションと無限の修正の嵐だ。

どうしてそんなに突っ込んでいけるんですか?……という僕の素朴な問いかけに、「子どもの頃は愛とは感じなかったけど、やっぱり母親から存分に愛情を注がれたからかなあ」と最後に答えてくれた。「毎日、弁当作ってくれたし」とも。

「働くのが普通」の環境の中で

亀山敬司

最初の思い出にあるのは、親父の肩車。だけど

子どもの頃の記憶で一番古いものは、父親に肩車をされているところかな。何歳だったのかは定かではないですが、肩に乗っていたことは憶えています。

ただ、そのシーンというのは、僕の記憶に忠実なものではないんですよね。なぜなら僕がそれを思い出すとき、自分が喜んでいる姿が見えているから。本当なら僕は、親父の頭しか見えていないはずです。多分、肩車された記憶と他の記憶とを頭の中で組み合わせて、一つの物語にしているんでしょう。

そう考えると、記憶って、実際に見たものというよりも、自分の中で自分に都合良く作りあげられたものなんだろうと思います。

今後、科学技術がもっと発展したら、自分のメガネやあちこちのカメラを通して映像が集められ、自分が当時見聞きした本当のリアルな記憶というものも、コンピュータでデータベース化されると思うんですよ。で、「5歳のときの○月○日の記憶」って検索したら、画面に親父の頭が見えたりする。

それはまさに自分自身の本当の記憶なんですが、われわれが言う「記憶」って、実際には見ていないものを補うために頭の中で作りあげたもので、自分にとってはそちらのほうが真実に近かったりする。

だから、もしかしたら、頭の中で作った記憶を辿《たど》ったほうが心に響いて、実際の映像を見たほうが「何だ、こういうことだったのか」とガッカリしてしまうかもしれない。子どものときにすごく怖い幽霊を見た場所に大人になって来てみたら、幽霊だと思っていたのがただの木の影だったことがわかって「何だよ」と思うような。

そう考えると、はたしてどちらを「正しい」記憶と言うのか、難しいですよね。

多分、人の人格って、自分が編集して作った過去の記憶が積み上がってできているものだと思うんです。そこに多少うそが交じっていても、それは自分を守るために、あえてそうしているところもあるんじゃないか。そこに、逃げようのないリアルな過去を見せられたら、まったく別の人格になっちゃうかもしれないですね。

普通すぎるほど普通ではにかみ屋の子ども時代キャラクターにたとえるとスネ夫？

二人兄弟で、上に姉がいます。姉はスポーツも勉強もよくできて、傍《はた》から見ても優秀な人でした。弟の僕にとっても、いいお姉さんでした。

一方僕はもうね……本当に「よくいる奴」だった（笑）。小学校でもあんまりぱっとしないし、どっちかと言うと仲間はずれっぽい感じで。いじめられたというほどではないけれど、クラスの中では「はぐれ者」っぽくて、友だちと遊んでいても少し浮いていたかもしれない。学校が終わったら、すぐ帰ってきちゃうような感じでした。元々の性格がそうなんです。

キャラにたとえるなら、「ドラえもん」のスネ夫みたいな感じですね。ちょっと卑怯なところがあって、自分が困ったことがあったら「先生〜！」ってすぐに言いつけにいくような。ジャイアンみたいな男気のある奴のことを、内心「うらやましいな」と思いながらも、決して自分はそうなれない。ケンカのような、腕っぷしが必要な場面からは真っ先に逃げ出すし、好きな女の子の前に出たら、モジモジして何も言えなくなっちゃう。

そんな、クラスの中で言えば中の下くらいの、特別無口ではないけれど、かといって記憶に残るようなところもない、ごく当たり前のダメ男。それが僕でした。普通すぎるほど普通で、個性的なところなんてまったくなかったと思います。

中高でも相変わらずボケッとしてて、成績でも中の下くらいの位置にいましたね。部活動はほとんどやっていないです。柔道部に数か月とか、登山部に半年とか。

一般的にはこの頃は「部活命」みたいな時期なのでしょうが、スポーツに打ち込んで燃えたいというような志向もなかったです。

さらに言えば、当たり前のようにコミュニケーション力が弱かったですね。

たとえば、付き合っている子がいるとして、あるとき、学校のスポーツ大会でその子が見ている中で試合をして、僕が負けたとするじゃないですか。そしたら、「だめだ、俺はなんて情けないんだ、もう嫌われたに違いない」って勝手に落ち込んで。彼女の顔すら見れなくなって、勝手に「もう終わった」って自己完結しちゃう。

もう、死んだような高校生活でしたね（笑）。

「先生、鹿の目は生きていません」

そんな具合でしたけれど、絵を描くのは好きでした。中学校のときには展覧会やコンクールによく入賞していて、よく賞をもらっていたので、将来は芸術的な方面に行ければいいかなと思っていました。とはいえ、当時描いていたのは普通の水彩画や版画でしたけど。それでも「アーティストとして生きよう」とか「デザイナーもいいかな」とか、すっかりその気になっていました。

今振り返れば、「ああ勘違いしてるな（笑）」と思いますけど。でも実際、賞をやたらもらえていたんです。

幼少期

その「魔法」が解けたのは、ある大会で僕より上の賞を受賞した作品について、先生と話をしたときです。
それは、鹿の絵でした。僕は、自分の作品よりも全然良くないと思って、先生に「この絵のどこがいいんですか？」と質問したんです。先生は「鹿の目が生きている」と言うんですが、僕にはいくらその絵を見ても、鹿の目が生きているようには見えなかった。
正直言って、「目が生きている」というのがどういう意味なのか、まったくわかりませんでした。
そのとき、「あ、俺は才能がないんだろうな」と思いました。

先生はおそらく「目が生きている」という言い方で、芸術的にすぐれた表現とはどういうことなのかを伝えたかったんでしょうが、僕には、それを受け止める感受性がなかったのでしょう。ほかにも、たとえばピカソの「ゲルニカ」をみんながすごいと言っていても、僕には何の感動もなかったし。みんなが「いい」というものの良さがわからないってことは、多分ダメなんだなと。

僕がそのときに描いたのは、風景とか建物の絵です。おそらく、多少写実性に富んでいたとか、テクニック的な面が良かったのかもしれない。だけど、僕は単に写すのがうまいだけで、真に芸術的な領域に踏み込んで絵を解釈するようなセンスはないに違いないと思っちゃった。

子どもって、大人に言われると、そうかなと思うじゃないですか。たとえば文学作品もそうで、みんなが「すごい」と言う作品を読んでも、自分が「何これ、わけわかんない」と思ったとしたら、自分には文学の才能はないなって思うでしょう。

ましてやアートなんて、未知なる世界だから。

「風俗業界のサザエさん」みたいな家庭

普通すぎるほど普通の子どもだった僕にただ一つ個性があるとすれば、家がいろいろな商売をやっていたということでしょうか。

親父は商売が好きな人で、呉服屋とかカメラ屋とか、様々なことをやっていました。それで、僕が小学2~3年の頃に、キャバレーをはじめたんです。

おふくろは田舎の農家の出身で、普通に呉服屋に嫁いできたのに、ある日親父が「今からキャバレーやるぞ」って言って、呉服屋のおかみからキャバレーのママになったんです（笑）。

それからおふくろは、夜は働いて、朝は早く起きて子どもの弁当を作ってくれて送り出すという生活になりました。

家には、ホステスのお姉さんも何人か住み込みでいました。3人くらいだったかな。僕はものすごくかわいがられて、ご飯も一緒に食べてました。今思えば訳ありだったのかな、多分。

仕事の話でよく「何でエロをはじめたんですか」とたずねられるのですが、子どもの頃からそういう環境だったから、風俗やエロに対する抵抗がなかったんです。今の会社（ＤＭＭ）を起業するときも、普通に「はじめようかな」という感じ。親も反対しなかった。「あ、そう」みたいな（笑）。特殊と言えば、そこが特殊でしたね。

背景には、地域的な特色もありました。実家のある場所が田舎の温泉場で、中学校の生徒の半分くらいは、なんだかんだで訳ありの家庭が多かったんです。旅館の仲居さんの子どもとか、遠い地方からやってきた家の子とか。あとの半分は、農家か漁師。家族構成を見ると、半分くらいは一人親世帯。

今、「ダイバーシティ」とか言うけれど、そういうきれいごとで済むような次元じゃなくて、本当に生活に根ざした部分で、厳しい環境に置かれた家も多かったと思います。そんな中だから、自分の家がキャバレーだからといって差別は受けなかったです。

家の中も、あったかい感じでした。親父はいつも遊んでくれて、学校ではイマイチな感じの自分を「いつか大物になる」って、毎日すごくほめてくれました。学校がつまらなくても、家に帰れば受け止めてくれる場所があったから、全然平気。おふくろも水商売っぽい感じもなくて、いつもご飯を作ってくれた。

僕はその環境を「風俗業界のサザエさん」ってよく言うんだけれども、まさにそんな家庭でした。

ブレーキのない親父、マネジメントしていたのはおふくろ

一時期カメラ屋をやっていたこともあって、親父はよく家族写真を撮ってくれました。家族で観光地かどこかへ出かけたとき、有名な銅像が建っていたら、僕をそこに乗っけては写真を撮っていましたね。たとえそういう行為が禁止されていたとしても、面白そうだからやっちゃえと。おふくろは「ちょっと、やめなさいよ」と一応は止めるんですが、「大丈夫、大丈夫」ってずんずん行って写真を撮る。「怒られたら謝ればいいから」って。

人様に迷惑をかけてはいけないということよりも、どっちが面白いかで行動する。それは、僕の性格の中にもあります。たとえば海外旅行に行くと、英語がわからない

フリをして農園に入っていったりとか、宿泊先でもないホテルに勝手に入っていったりとか。見つからなければいいだろう、怒られたら謝ればいいと思って行動しているところは親父譲りです。

とにかく、親父はやっちゃえやっちゃえというヤンチャなタイプでした。でも、1回だけ、僕がひどく怒られたことがありました。小学生のときにパチンコ玉で遊ぶのが流行ったときに、パチンコ屋に忍び込んで玉を盗んだことがあるんです。パチンコ屋さんは許してくれたんですが、逆に親父は、わざわざ僕を警察署まで連れていって「こいつを捕まえてください」ってやられました。僕は、もうウエーって泣いてしまって……。

怒られた記憶は、後にも先にもそれ一度きりです。

おふくろは、何にも言わず、ついていくタイプ。親父が「キャバレーをやる」と言ったら、結構お嬢さま育ちだったのに反対や文句も言わず、黙って頑張るような人でした。朝から夜中までずっと働いているから、無口なんです。おふくろがカウンターでカクテルを作っていたら、親父はその後ろでフルーツを切っていて、僕は調理場で飯食ってる。そういうノリです。

どっちがマネジメントしていたかというと、おふくろのほう。店の女の子たちもおふくろについてきていたと思います。

おふくろは今年85歳で、今も、ＤＭＭの石川支社の社員食堂で、うどんを作ったりして働いています。アルバイトも、そこでうまくマネジメントしているんだろうな。「マネジメント」って言葉は、知らないと思いますけどね（笑）。とにかく、うどんの出汁《だし》をとるのが好きみたいです。

３６５日働くのが、亀山家の「普通」

キャバレーをはじめてしばらくして、親父がレストランをはじめて。で、夏場は海の家もやりはじめたんですよ。僕も土日はレストラン、夏休みは海の家に泊まり込んで手伝っていました。ほんとに一家総出で３６５日働いた。盆だろうが正月だろうが働いていました。それが亀山家では普通なんです。

だから、社会に出たとき、親父はともかく、うちのおふくろと姉貴はすげえなって改めて思いました。姉は勉強もスポーツもできたし、部活ではキャプテンをやったりしてリーダーシップもあるし、どこの大学にも行けたんだけど、高校卒業後は「調理師になりたい」と言って板前の修業に出て、その後、家に戻ってきて喫茶店を開いたんです。僕が商売をはじめたときには、経理・財務から金庫番まで、全部やってくれました。

あと、お金で生活が変わるようなことがない。僕自身も周囲から「お金を稼いでもあまり生活が変わりませんね」と言われてきましたが、たまにおいしいものを食べたり、ちょっといいところに住んでみるくらいのことはしています。だけど、おふくろや姉貴はいくらお金を稼いでも、まったく生活スタイルが変わらない。

この間も、姉が持っていた株が結構な額になったのですが、姉はそれを自分の子どもには残さずに、NPO事業をはじめました。姉の子どもたちも、教師をやったり農家をやったりして、普通の生活を送っています。

家族の中でも特におふくろと姉貴は昔から働き者でしたが、当たり前に働いて休まない。しかも、それを普通のことのようにしてやっている。そこがなんだかすごいんですよ。

特別に「こうだぞ」という劇的な話ではないかもしれませんが、本当にこの二人のことは尊敬しています。

愛とわからないほど当たり前の愛

おふくろってすごいなと気がついたのは、大人になってからですね。

精力的な親父のことは子どもの頃から尊敬していましたが、おふくろについては、自分のことや仕事のことについて何も言わないから、特に意識することはなかった。

たとえおふくろが夜中まで働いていても、朝学校に行くときにはきちんと朝食の用意がしてあるのが当たり前の環境で育ったから、成長して、そうじゃない家庭がたくさんあることを知るまでは、それが特段すごいと気づきませんでした。

夫婦仲にしてもそうです。僕は、親父とおふくろがケンカしているところを見たことがなくて。友だちから「両親がしょっちゅうケンカして嫌だ」という話を聞いて、ほかの家ではそういうことが起こっているんだと初めて知りました。

おふくろがあまり何も言わずに、やるべきことをちゃんとやっていたというか。だから、両親の仲が悪いとか、ガミガミ怒られて嫌だとか、そんなストレスを何も感じずに育てられたんです。


「母親の愛に包まれて」とかよく言うけれど、愛されていたことすらわからせないほどに愛されていたんでしょう。わざわざ「愛している」と伝えるまでもないほどごく自然に愛されていて、それを「ありがとう」って感謝するまでもなく、当たり前に受け取っていたのかなって、最近思うんです。

毎日当たり前に食事が出てきて、それを特別「おいしいね」とも言わずに当たり前に食べて、それが自然であり、愛であるような。

自己編集というか、自分自身でいろいろと考えをめぐらすことはあるじゃないですか。そのとき、自己編集の材料が、愛であるか、ダークなものであるかで方向が変わってくるような気がします。僕の場合、素材が良かったから、ほどよく今のような状態に進めたのかもしれません。

親父は亡くなってだいぶ経ちました。もう15年くらい。だけど、そこから先の女性は強いですね。おふくろは今まで旅行にもほとんど行ったことがないから、農協のツアーなんかに参加して生き生きとしてますよ。一人住まいですが、近くに姉貴がいて、孫の面倒も見ているし、最近ではひ孫も見ていますからね。社員食堂の仕事もやって、とても元気です。

逆境が何もないことへの後ろめたさから放浪の旅へ

高校卒業後、上京して専門学校（大原簿記学校）に進学したのですが、そこでも僕の周りには何かと訳ありの奴が多かったです。学費を自分で稼ぐために朝から夜中まで働いていたり、親が元々少し変だったり、外国籍で紛争地域に派遣される可能性があったり。

一方僕は、実家が水商売をやっていても、愛情に恵まれた家庭で育ってきたおかげで心の闇もないし、仕送りもしてもらって経済的に困る状態にはありませんでした。

ですが、それがだんだんコンプレックスになってきたんです。

「ほかの奴らは大変な状況の中で死に物ぐるいで頑張ってるのに、俺はこんなにぬるい環境で何をやっているんだ、カッコ悪いな」って。「これじゃ立派な男になれない、もっとギリギリのヘビーな場所で男磨き（笑）しないと」って。

それで、何か見つかるかもしれないと思って、海外へ放浪の旅に出ました。

太宰治が青森から上京して東大へ入学した後、当時は非合法だった左翼活動を手伝った理由を「自分の恵まれた境遇が照れくさかった」と作品中に書いているんですが、僕も、なんにも欠けたものがない、ハングリーになる部分を持っていない自分の境遇が、多分、照れくさかったんでしょう。

旅に出る前には、旅先で読もうと思って、友だちの家にあった三島由紀夫やドストエフスキーなどの本を数冊借りてきました。海外ではテレビやラジオや新聞なんてほとんど見ないし、今みたいにネットもなくて、情報から遮断されるでしょう？　ただ、時間だけはべらぼうにあるじゃないですか。それまでまったく本なんて読んだことはなかったのですが、旅すがら、青年の心の深淵を描いた作品を読んで、ギリギリの場所に憧れたりしていました。ロマンチストだから(笑)。

あとは、空を見て心の中でしゃべっていました。今までの自分の思い出を頭の中でグルグル回して、自己編集ばっかりしていましたね。

山の向こうに砲火、戦場の農家の日常風景に心が動いて

放浪の旅で最後に行ったのが旧ユーゴスラビアです。あちこちの国を訪ねるうち、どんどん危ないところ、やばいところに行くようになっていったんですね。前にも言いましたが、止められなければ行ってみよう、怒られたら謝ればいいという感覚で。で、結局最後は戦場に行っちゃった。

当時、ボスニア紛争の真っ最中で、僕はそのとき、兵隊に捕まって抑留されました。だけど、恐怖を感じなかった。背中に拳銃を突きつけられて連行されたときにも、それが現実ではないような感じでしたね。ショックでした。

捕まったことや、もしかしたら殺されてしまうかもしれない不安に対してではあり

ません。どこか他人ごとのような感覚でいる自分に対してショックだったんです。

自分が探していた死と隣り合わせのギリギリのボーダーライン。命にかかわるハードな状況にこうして巡り会ったにもかかわらず、何も見つからなかった。結局、生きることに執着のない人間は、どこに行っても何も見つけられない。死に場所すらも。それがよくわかりました。

若くして急に自殺してしまった人に対して「死ぬ勇気があるのなら……」という言い方をしますけれど、そういう人は、勇気があるのではなく、まぁいいかと思っているようなところがあると思う。生きるべき場所より、死に場所を探したい、みたいな。カッコつけて。僕も多分、そういうところがあったんじゃないかなと思います。

それで何事もなく解放されたのですが、帰り道、乗っていた自転車がパンクして、修理をしてもらうために、たまたまある農家の方たちにお世話になったんです。

そこには家族が住んでいました。おじいちゃんもおばあちゃんも、孫もいる、本当に普通の一家。子どもたちがワイワイ遊んでいて、大人は畑に出て。

だけど、畑の先に続く向こうの山からは、大砲の音が聞こえてくるんです。少し曇った空と畑と石造りの家が見えるのんびりした東欧の田舎の風景。山の向こうから、その風景にまったく不似合いな大砲の音がこだまして、それでも目の前には普通に暖かい家族がある。そこになんだか感動しちゃって。こういうのもいいな、結婚しようかなって。

そして、帰国してから、当時付き合っていた彼女にプロポーズしました。そのとき、生まれて初めて「愛している」と言ったんです。それが今のかみさんです。それまでは、彼女がいても、お前を幸せにできないとか、20代で死んじゃうかもしれないとか言ってカッコつけてました。つまり、家族や愛する人を持たず、一人で死と向き合ったほうが、自分を哲学的に高められると思っていたんです。言ってて恥ずかしくなってきた(笑)。

結局、幸せって何なのか

どんな目標があるのか、とたずねられることもありますが、自分自身、大して大きな夢は持たずにここまできました。イチローさんなんかは、小さいときから「メジャーで活躍する」と決めていたようですが、僕は目の前で起こるいろいろなことをどうしようかと考えて対応しながら、なりゆきで今につながっています。

子どもにも、過大な期待はしていません。僕自身、何のプレッシャーもなく好きにやってきましたから。子どもの頃から商売が楽しかったのがたまたまハマって、趣味と実益が重なった結果、傍からは成功したように見えるだけです。

子どもにはビジネスの話はしません。「彼女できた？」とか、そんな話です。

会社を引き継がせることも考えていないです。おそらくすごく苦労しますから。まず、金目当ての女が寄ってくるでしょう？　そうしたら、「こいつは俺自身が好きなのか、それとも金目当てなのか」となって、本当の愛がもしあったとしても、見失ってしまうかもしれない。それ以外にも、派閥抗争に巻き込まれたり、悪い友だちが寄ってきたりするかもしれない。だから、事業の継承は社員に対して行なって、自分の代だけを考えるほうが結局は幸せなんじゃないかと思います。

ただ、初めて商売をはじめるに当たってお金を借りるとき、親父には保証人になってもらったので、「起業することがあったら保証人にはなってやるよ」と言っています。

何かを成功するのに欲望は大切だと思いますが、欲望にもいつか飽きがくるんですよ。たとえば、1杯1万円のコーヒーを飲んだって、数百円のものと比べてそこまで味が違うわけじゃないですよね。そうなってくると、金持ちは今度は「金で手に入らないものがほしい」と言い出しはじめるんです。

そうなったらつまらないなと若いうちから考えていたので、歌って踊れる金持ちじゃないですが、お金もあるけど、友だちもいて家族も笑っているような、バランスがとれた状態でいたいと思いますね。

おそらく100万円と200万円の差は大きいけれど、100億円と200億円とは大して差がないと思うんです。

ビジネスの達人というよりも、人生の達人みたいなのを目指して、いろんなものがバランス良く成り立っているのが、自分としてはハッピーですね。

ペットの死は見せるべきだ

今は死の現場も生の現場も子どもに見せる機会がないですね。赤ちゃんは、いきなりお母さんが連れてきたり、死の現場も「おじいちゃんは天国に行ったのよ」と言われて、それで終わりになる。昔は、生きるのも死ぬのも自宅で、という家もあったと思うのですが。

僕は、子どもをモンゴルに連れていったことがあります。ちょうど子どもが小1と幼稚園の頃ですね。

モンゴルは広大な平地だから、プラネタリウムのような空なのです。月が昇って降りてくるところや、星の動きも全部見られるくらい。それを見せたいと思ってね。結局、夜中子どもが起きなくて、全然見ることができなかったのですが。

遊牧民の人にもお世話になりました。彼らは、飼っている羊に、自分の子どものように名前をつけて家族みたいに育てているんだけど、最後に殺すところまで自分たちで面倒をみるわけです。

その最後に食べるところを、子どもたちにも見せました。バーナーで焼いたり切ったりして食べるんだけど、そこにお前らも来いって言って。

それを見て、上の子は泣いてましたけど、下の子はポカーンとしていて意味がわからないという顔をしていました。小さすぎたんでしょうね。

今の僕たちの環境では、肉なんてスーパーで売っているものしか見ていないから、原型も知らない。でも、実際にモンゴルで食べたのは、さっきまで生きていて、名前を呼んでいた、あの羊だったんですよね。

そこでは、「生きる」というのが身近じゃないですか。訪れた場所は、はっきり言ってその辺でうんこもしちゃうみたいなところだったから、周りもヤギのうんこだらけ。でも、日本は水洗トイレがあるから、そういうことさえ忘れてしまう。

もう一つ、ここから見えるのは、僕らはスーパーにある肉しか見ていないけど、本当は食肉解体場があって、そこから最後スーパーに運ばれてくるわけです。だから、スーパーのきれいなところだけではなく、その裏も見ておいたほうがいいんじゃないかと思いますね。

　これはスーパーだけじゃなくて、どんな仕事にも嫌な面や、大変な部分もたくさんありますよね。でも、そこを誰かがやらないと世の中は回らないんです。金融は取り立て屋がいないと成り立たないし、不動産は地上げ屋がいないと開発できない。そういったことについて無関係だ、自分たちは一流のことをやっているんだ、と思っている人たちもいるわけじゃないですか。

　そこは、ちょっと違うんじゃないかな、と思うんです。

対談 亀山×藤原 backroom

「だって人間だもん」

藤原　高校作るんですよね？

亀山　聞いてるんですか？

藤原　聞いてる。僕、亀山さんのいろんな発言を集めて丁寧に読み直してみたんですが、それを見ると「校長をやるのも面白いかな」という発言もあって。学校名とかもう決まってるんですか。

亀山　今は登録とか許可もまだ出てないですからね。今、頼んでる最中。

藤原　今の段階では暗号名は何としておけば？

亀山　だいたいD校（笑）。今はそういう短いのが流行るんじゃない？と思って（笑）。

藤原　学校法人としてやるんですか。

亀山　まずは通信制からはじめようかと。しかしまったくざっくりとしているので、やりながら考えていく予定です。

基本はもちろん高卒の資格取得は最低限ですが、それ以外は、たとえばユーチューブ学科とかEスポーツ学科。それにプログラミング学科とか、調理人学科とか、これから必要な職種や技能で、すぐに実践できるようなものを踏まえて学科構成をしたいと思っています。

子どもたちが興味のあることをきっかけに、たとえばユーチューバーになりたいんだったら、実際のユーチューバーのもとに修業に行かせるなど、学びの場を実社会と比較的近いところにしたいんです。

藤原 大学なんか行く必要ないっていうことですよね。

亀山 いや、大学は大学でいいんでしょうけど、大学と社会の間、もう少し中間がいいんじゃないかな。

学費については、生徒たちが卒業して、働きながら後々払えるような仕組みができたらいいと思う。奨学金の返済って今大変ですし。たとえば、年収の何%を収めるというような基準にするとか。まだ、構想中ですけどね。

藤原 奨学金を受けると、卒業するといきなり負債を何百万も背負っちゃうような状況になるから。

亀山　確かに。それ以前に、大学を卒業しても、そこまで仕事があるわけじゃないですよね。

藤原　その上、負債を背負っちゃうがために望む仕事に就けなかったりしますから。そこは、亀山会長の人生観が活きてる感じなんだな。

亀山　できれば企業としても、入社したらすぐ戦力になってくれるのが求められるんじゃないですかね。

藤原　いい人材ならDMMが摘まんじゃうぞと。「DMM予備校」みたいな。

亀山　そうですね。だからたとえビジネスにならなくても、学校をやっているだけでうちに価値が生まれますから。

藤原　亀山さん、いち早く色んなものをつかむじゃないですか。周囲の人にむちゃくちゃなイメージを与えていたりもするけれど、本当はものすごくシミュレーションが効いてる感じがある。「勘がいい」と言ってしまえばそれで終わりなんだけど、これまで、ものすごくいろんな経験を積んできて、圧倒的に現場を見ているので、次これが起こるっていうのが何となくわかってるように感じるんです。

亀山　確かに勘はちょっとはいいと思うんだけど、それはちょっとだけだと思ってまして。みんなが3割なら僕は3割3分ぐらい。

でも、肝心なのは、失敗したときにどこまで落ち込むかだと思うんです。一番の失敗は金盗まれるとか、そういうことだけど（笑）。それだって、生き死にから比べたらかわいいもんだという。「あ、盗まれちゃった」くらいの話で、たいしたことじゃないっていう見方はしてるかな。だから、たまに盗んでクビになったやつに会っても「元気？」みたいな話にもなるし。

藤原　結構ある？

亀山　やっぱりありますよ。僕の場合は結構バンと任せるから。

任せるということは、実は罪なことであって、ハードルが高いんですよね。担当者がやろうと思ったらやり放題ですから。アフリカのプロジェクトとか、はっきり言って10人中9人が盗んでもおかしくないような状況ですよ。で、その中で1人だけ真面目にやったやつが生き残るんですけどね。

人を信じてるとかよく言われますけど、何かあってもしゃあねぇかっていう。「だって人間だもん」みたいな話。

藤原　そこに帰着しますね。人間を知ってるんだよ、一番。

第5章

「ナナメの関係」が人を育てる

藤原和博

何が子どもの世界を豊かにするのか

藤原和博

自分の意識がはっきりして、多くの物事を覚えているのは、やはり3歳くらいになってからだと思います。

僕は、世田谷区池尻にある公務員宿舎の4階の一室（2DK）に住んでいました。当時先進の鉄筋コンクリート造のアパートです。教育大駒場（現・筑波大駒場）の隣に開けた公務員宿舎には、大蔵省（現・財務省）、通産省（現・経産省）、運輸省（現・国土交通省）などの国家公務員の家族が住んでいて、その周りには、自衛隊（現・防衛省）、国鉄（現・JR）、警察、日通（日本通運）のアパートが並んでいました。巨大な公務員村です。

僕は3年保育の幼稚園に通いました。家から一番近い幼稚園はイメルダ幼稚園というミッション系の幼稚園でした。

このころの僕は、典型的な戦後中産階級の家に生まれた一人っ子、甘えん坊で、アパートのあちこちの家に行ったり来たりで遊んでいました。ときには、玄関から階段を降りてまた登るのが面倒なので、ベランダ側から手すりを伝って隣の家に「こんにちわ！」なんてことも日常茶飯事だったのです。

昭和30年代「三丁目の夕日」のような団地に育つ

1棟の4階建てのアパートには3つの階段があり、その両方にドアがあるわけですから、24家族が住んでいたことになりますが、このうち、向かいの家と真下の家を含む5家族に同級生がいました。ただし、一人っ子はなぜか僕だけだった。

だから、みんなお兄ちゃん、お姉ちゃんがいるわけです。幼稚園児にとっては小学

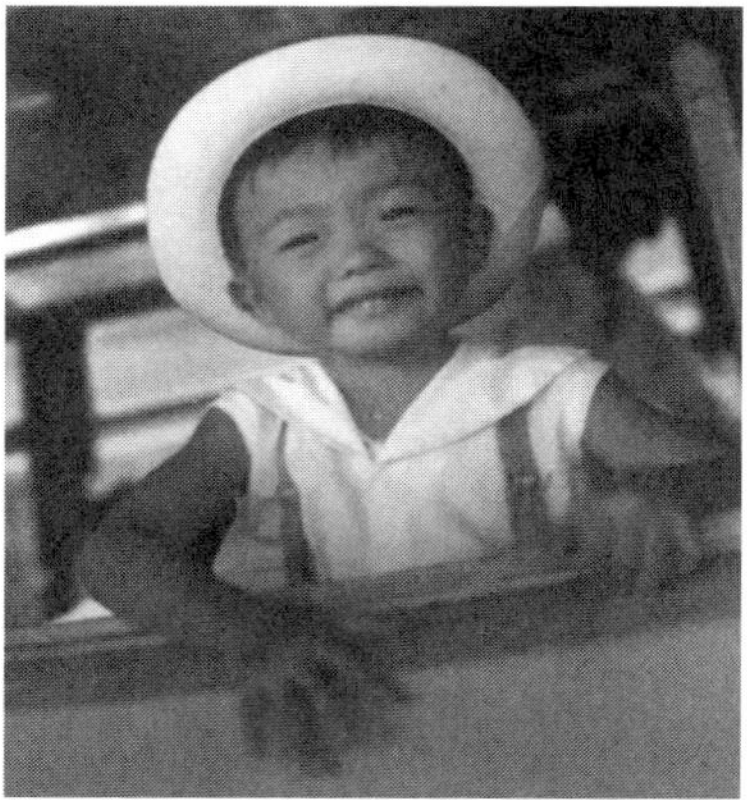

幼少期の頃の写真

校の高学年の子は大人みたいに見えますよね。僕も同級生のお兄ちゃん、お姉ちゃんに連れ回されて、団地の周りで遊ぶのが常だった。

昭和30年代の団地の家族には、映画「三丁目の夕日」に描かれていたような濃厚なコミュニティ感覚がありました。その日の夕食を作るのに塩や醤油が足りないと、「隣に行って借りてきて」と食材を貸し借りするような関係です。コンビニがないから、ちょっと買ってくるわ、というわけにはいかなかったものですから。

公務員宿舎はモデル住宅として設計されました。まず、アパートとアパートの間に公園を作ってコンクリートの低い塀で囲い遊具が配されています。大きなイチョウの木が何本かあり、ブランコと鉄棒と滑り台と砂場がある。公園の遊び場では、2本の大きなイチョウの木をベースに見立てて、野球をよくやっていました。「三角ベース」です。

テレビより外遊びが好きな「遊びの王者」

昭和30年代というのは、家々にテレビと冷蔵庫と洗濯機が入っていく時代です。その後、ステレオと百科事典と電話がきて、車（カー）とクーラー（エアコン）とカラーテレビの3C製品群はその後になります。パソコンもスマホもまだありません。

小学校時代を通じて巨人軍の全盛期で、もちろん王、長嶋のファンでした。テレビのプロレス中継もはじまって力道山が活躍、相撲中継では大鵬と柏戸が2大横綱だった。子どもたちの好みが「巨人、大鵬、卵焼き」に象徴されていた時代です。

テレビが家にやってきたインパクトは大きく、今のスマホのインパクト同様、テレビ中毒が一気に増えました。

それでも、お兄ちゃんたちとの外遊びが面白かったから、僕はほぼ1日中外で遊んでいたのです。父も母も色白のほうなのに、僕だけが黒いのはそのせいだと思います。団地のおばちゃんたちからは「遊びの王者」と呼ばれていました。


公園での遊びは、野球だけではありません。かといって、据えられた遊具を使ったブランコ、滑り台、砂場で遊んだ記憶もあまりないのです。

一番覚えているのは、公園を囲んだ10センチ幅くらいで小学生の腰の高さのコンクリートの塀の上を端と端から走って出会い、じゃんけんで負けたら塀を降りてスタート地点に戻らなければならない、「ドン、じゃんけんポン！」という遊び。慌てて走るから、踏み誤って塀から転落すると数十センチの高さとはいえ、怪我をします。内股を擦ることが多く、いわゆる擦過傷《さっかしょう》の傷は絶えませんでした。それでも怪我が軽かったのは、下が土だったからです。

あとは、小学校に上がってからだと思いますが、工事現場から長い釘を拾ってきて、土に釘を投げて刺し、自分の陣地を拡大していく「釘刺し」という陣取りゲーム。缶を拾ってきて、鬼を決め、みんなは隠れて鬼のいぬ間に缶を蹴ったら、捕まった仲間を助けられる、かくれんぼの一種「缶蹴り」。大きなイチョウの木に登って、拾ってきた板を渡しての基地作り……などなど。

何かを拾ってきて道具に使う遊びをお兄ちゃん達から教えてもらったり、時にルールを変更したり、遊びを作っていた印象が強いんですね。

子どもは「公園を作れば、そこで遊ぶか？」というと、そう単純ではありません。当然、もっと違う世界を求めます。明るい場所だけで遊んでいると飽きますから、暗い場所（ダークサイド）に危険を求めて冒険に出ます。なかには、めくるめく興奮するような「魔界」もあったのです。

公務員住宅の周りにも、いくつかそうしたスポットがありました。

子どもの世界観を豊かにする「魔界」たち

まず、アパートには1棟に一つ、焼却炉がありました。ゴミはまとめて4階住戸からもダスターシュートに捨て、1階の階段脇の収納に一旦キープします。それを毎週当番を決めて焼くんですね。この焼却炉の狭い穴から忍び込んで、かくれんぼや忍者ごっこをやってました。ニュースでは、子どもが中で寝てるのに気づかずにゴミを突っ込んで火をつけちゃったような事故もあった。

それから、近所にあった教育大のプール。夏休みはグランドでは野球部が、プールでは水泳部が練習していましたが、冬休みは生徒が来ないからプールは放ってある。そこでお兄ちゃんたちが裏からプールに忍び込んで廃材で筏《いかだ》を作り、浮かべて遊んでいたのです。学校は忍び込む場所。金網の隙間から忍び込んで、この筏で端から端までたった10メートルくらい水面を進むだけなのですが、なんとも冒険心がくすぐられたものです。

もう一つ、公務員宿舎は丘の上に建っていたのですが、そこから学校に行くには、僕らが「騎兵山《きへいやま》」と呼んでいた丘を下っていきます。この丘は林になっている部分のほかは雑草がぼうぼう茂っていました。秋にはススキが群生します。大きな木の上にも基地を作りました。梯子《はしご》ではなく幹に釘を刺して登っていくのですが、たまに滑って落ちました。

「防空壕」と呼ばれていた洞窟もここにあった。忍び込んで探検するのが流行りでした。掘ると戦時中の銃弾が出てきたり、蛇の赤ちゃんがいたり。

素朴に虫採りもしましたし、雪の日にはこの丘の階段でトタンやダンボールを尻に敷いてそり遊びも。丘の裾にはまだ「三宿《みしゅく》田んぼ」と呼ばれる田んぼの跡地があり、一部はため池になっていて、結構危ない場所でした。冬に乾燥した雑草に火をつけたら、あっという間に燃え広がって、慌てて足で踏んで消し止めたこともあります。団地のお母さん達から「危ないから、近寄っちゃダメよ」と言われれば言われるほど、そこに忍び込む魅力が増すのです。

「騎兵山」と「三宿田んぼ」はまさに、僕ら少年の世界観に刺激を与える「魔界」だった。こういうダークサイドがないと、子どもの世界観がのっぺりしてしまって、豊かに育たないように思います。

昨今は、抗菌グッズばやりで、漂白、抗菌、滅菌、除菌と、汚いものやくさいものを嫌い、蓋をしたり除去したりします。それどころか、誰かがちょっと怪我をすると

（実際に訴えられたりして）、その遊具が公園から撤去されたりもする。

僕は「校庭から鉄棒がなくなる日」といって警告しているのですが、危ないものはすべて撤去する流れが続くと、鉄棒から落ちて怪我をする子が出るたびに、鉄棒そのものが校庭や公園から消えていく未来が見えてきます。そうした、危ないものを除去した世界って、はたして子どもを育むんでしょうか？……僕は疑問なんです。

「ナナメの関係」が「根拠のない自信」のもとになる

こうして、学校でも家庭でもない、その間の場所、広い意味でのストリートで危ない遊びをたくさんしました。

でも、そうして公務員宿舎の周りの未知の場所に探検したり、危ない遊びをやっているのに、安心感があったのはなぜでしょう？

逆に言えば、なぜ冒険できるのか？

勇気があるから、ではないと思います。公務員宿舎の前の公園以外の空き地や「騎兵山」や「三宿田んぼ」には母の目は届きませんから、母親がなんとかしてくれるというものでもありません。

やっぱり、僕は、一緒に遊んでくれているお兄ちゃん、お姉ちゃんとの信頼関係が大きかったのだと思うのです。親子や先生と生徒のような「タテの関係」ではなく、同級生との友達関係つまり「ヨコの関係」でもない、「ナナメの関係」。

これが豊かだと、「ナナメの関係」の人々が、ちょっと危ない場所に連れていってくれたり、背中を押してくれたりする。だから、高いところから飛び降りるチャレンジもできるし、怪我をしたとしても、すぐに面倒を見てくれる。

もし、そこに遊び相手としてのお兄ちゃん、お姉ちゃんがいなかった場合、僕一人ではきっと危ない遊びに挑戦することはできなかったでしょう。

また、小学校の高学年になってからですが、学校に来た配達のおじさんにラグビーを教わったり、団地の草野球に友達のお父さんが混じることもありました。お兄ちゃん役、お姉ちゃん役だけでなく、おじちゃん役、おばちゃん役も存在していて、学校でも家庭でもない場所、ストリートで出会うわけです。もちろん、家で父に叱られたときには、同居しているお婆ちゃんが逃げ場になることもありました。

親や先生ではない「直接の利害関係のない第三者」は、お兄ちゃん、お姉ちゃん、おじちゃん、おばちゃん、お爺ちゃん、お婆ちゃん含めて、冒険に連れ出す役だけでなく、傷ついたときに癒してくれたり、どうしようかなあと迷ったときに背中を押してくれる存在なんですね。「いいじゃない、やっちゃいなよ」って。

僕の場合には一人っ子だったから、とりわけ公務員宿舎のコミュニティでの「ナナメの関係」で豊かに育てられたことが利いているように感じます。何に利いているのか？……僕自身の「根拠のない自信」にです。

「ナナメの関係」の話は、和田中改革のときにもよく話したのですが、これからの子育てには大事なことなので、繰り返しますね。

親子や先生と生徒の関係は「タテの関係」です。「タテの関係」では基本的に親や先生が命じて（指示して）、子どもはそれに従います。従うのが嫌だったら反発するしかない関係です。一方が命じて、子どもは従うか、反発するか。だから、「タテの関係」

ではコミュニケーション能力は思ったほど育たない。

　これに対して同級生の友達との関係は「ヨコの関係」です。同じテレビ番組を見て育ち、今だったら同じゲームをやって育つから、何も言わなくても大体何を考えているかわかってしまう。好みの一緒の子といる分には緊張感もないでしょうし、なあなあで関係が続きます。ＬＩＮＥやツイッターで「独り言の応酬」（自分ごとをひたすらつぶやき合うこと、決して相手を思いやったり、質問したり、本気で関わろうとはしないやりとり）を繰り返しても、この、なあなあの関係を補強するにすぎません。

　絵文字の交換もそう。これでは、やはり言語能力（文部科学省的に言うと「言語活動」能力）を核としたコミュニケーション能力は育たない。また、いくら「独り言の応酬」を続けても、相手と結びついた、つながったという実感はないはずです。

　ＳＮＳなどのメディアを通じて散々交流はしているんだけれども、絆が築かれた感じがしない。逆に、不安になるから、さらに独り言の上塗りを重ねている。

「筋交《すじか》い」が入っている子は強い

コミュニケーションというのは、戦う中で身につくものだし、関係する仲間が普段とは異なる中で、価値観が違う相手に自分の思いや考えを通じさせなければならない状況下で発達するものです。

だから、「ナナメの関係」がコミュニケーション能力を磨くのに大事になる。

血のつながっていないお兄ちゃん役、お姉ちゃん役、おじちゃん役、おばちゃん役、お爺ちゃん役、お婆ちゃん役の大人との関係は、親子や友達のように「あ、うん」ではわかってもらえないから、コミュニケーションの練習になる。学校や会社における先輩、後輩の関係でも一緒です。

とりわけ、小学校の高学年から中高生になると、親の言うことを素直に聞かなくなりますし、反抗期には先生の指導も効かなくなる。そういうときにも「ナナメの関係」から諭《さと》したほうがいいんです。学校で、担任の先生より、部活の顧問の言うことを聞く生徒は多いし、保健室の養護教諭の言うことだったら通るという場合もあります。

読者の皆さんだって、会社や役所で、上司から直接言われるとカチンとくることが、飲んだ席で先輩からアドバイスされたら案外スーッと入ったという経験をお持ちじゃないでしょうか。

コミュニケーション能力を鍛えるという意味でも、人間関係に強くなるという意味でも、「ナナメの関係」を豊かにすることが大事なんですね。

よく、僕は家を建てるときの構造にたとえて「ナナメの関係」について、お話しすることがあります。

親子や先生・生徒の「タテの関係」は、家の構造にたとえれば「柱」ですよね。これに対して友達との「ヨコの関係」は、家にたとえれば「梁《はり》」になります。

もし、一軒の家を、「柱」と「梁」だけで建てるとどうなるでしょう?

ちょっと地震があったら、パタンと倒れてしまう脆弱な家が想像できますね。

これに対して、斜めに「筋交《すじか》い」がたくさん入っている家は地震にも強い。「筋交い」つまり「ナナメの関係」です。

■「ナナメの関係」とは、人間関係における「筋交い」のこと

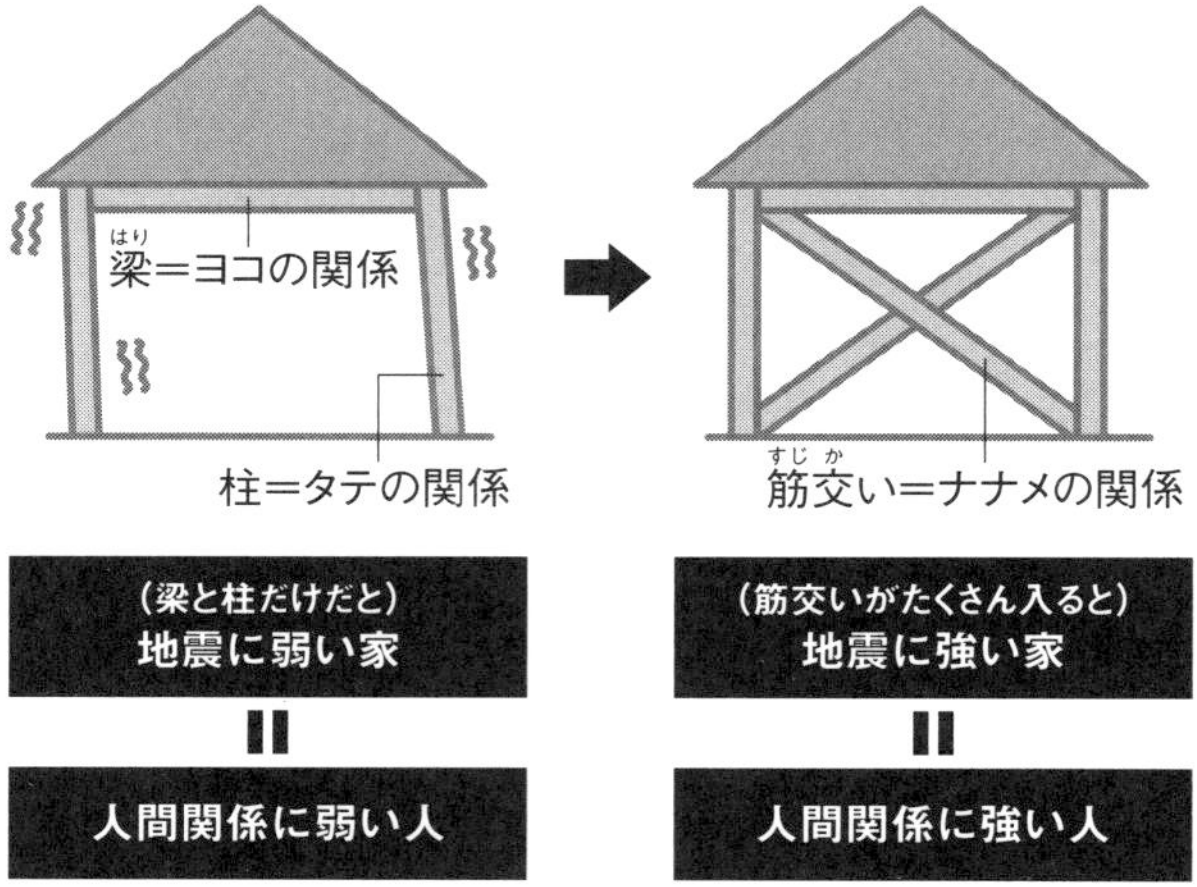

「ナナメの関係」が豊かな子は、ちょっとした人間関係の揺れにも耐えることができるでしょう。仲の良かった友達を失ったり、無視されたり、いじめや仲間割れがあったり……子どもたちの世界にもなかなか過酷な人間関係上の地震が起きます。

そうした揺れに強い子を育てるには、どうやら、親子や先生・生徒の関係を強めるより、「ナナメの関係」を豊かにすることが有効。人間が集団活動する場に必ず起こる、いじめに対するリスクヘッジにもなりそうです。

もちろん、僕の例に見るように、「ナ

ナメの関係」の豊かさは、「根拠のない自信」の基盤になりますから、将来に向かってチャレンジし、未来を切り拓いていく力の源泉にもなるでしょう。

端的な例を示せば、たとえば、あなたが中学生で、バンドに憧れてドラマーを目指したいというような夢を持ったとします。父親にそれを言ったら「バッカもん！　ドラマーなんかで食えるわけないじゃないか」と強烈に反対された。母親も心配そうに眺めています。そうして、いじけたあなたをフォローするのは誰でしょう？

ストリートにいるちょっとヤンチャなお兄ちゃんかもしれませんね。「オーッ、お前、ドラムやんの。でもドラム買う金ないんだろうから、貯まるまでドラム缶でも叩いてろ」と励ましてくれたり。おじちゃんが外国通でアタマが柔らかく応援してくれるかもしれない。あるいは、おばあちゃんが孫であるあなたを密かに呼んで、「お父さんはああ言ってるけど、実は昔、ジャズのトランペットに憧れてたのよ」などと父の秘密をバラしながら、お小遣いを握らせてくれることも。

「直接の利害関係のない第三者」は、親が反対したり、学校の先生がリスクが高いからやめたほうがいいんじゃあないかと思うようなことに対して、「いいじゃない、やっちゃいなよ」と、背中を押してくれる存在でもあるんですね。

トンボの羽を抜き取るのにも意味がある

僕も、幼児の頃は残酷なことをやりました。

主に昆虫が相手ですから、昆虫愛護団体にはお叱りを受けるかもしれません。でも、幼児は基本的に残酷なことをするものだと言っておきます。

アリを踏みつぶすこと、トンボの羽を抜き取ること、それにバッタの首をちぎるくらいのことはやりました。友達がやっていたけれど、自分にはできなかったのは、カエルの尻に2B弾という爆竹を突っ込んで破裂させること。

アリについては湧いてくるほどいたので罪悪感はなかったのですが、バッタはやっぱり気持ち悪かった。飼っていた鳥（カナリアとジュウシマツ）が死んだときにも感じたし、死んでいたセミに学習キットについていた注射器で薬品を注射して標本にしようとしたら、針を入れた瞬間に「ミーン！」と大音量で絶叫された（ように見えた）ときにも、恐怖感がありました。正直言って、怖かった。

こういう体験は大事だと思うのです。でないと、興味を持つ子は動物にいってしまう可能性がある。生きるとか、死ぬとかの謎を解くために、万が一猫にいってしまうと、人間もと考えてしまうリスクが高まります。

“遊び場”がない時代、ゲームの世界から抜け出すには

とはいっても、現代社会では、こんなに豊かに遊ぶ場所がないですよね。空き地もないし、公園も、下手な時間に行くと不審者が出没したり。だから、どうしても子どものために用意された施設やインドア遊びになりがちです。ゲームの支配力も50年前とは比較になりません。

おじいちゃんやおばあちゃんが田舎暮らしをしていて、農家だったりするとラッキーで、夏休みくらいは土や稲や田んぼや畑や、そこに生きている昆虫や動物の命とも交流できるでしょう。そうでなければ、なかなか外遊びが難しい時代です。

故郷が自然の残された田舎でない場合は、親子で被災地の支援に出かけて、現地の人々と関係が作れれば、そこを第二の故郷とすることも考えられます。

もっと手軽なものとしては、夏休みにちょっと危ない体験をさせてくれるサマーキャンプに送り出すか、親が自分でキャンプに連れ出すか。そうした場合でも「ナナメの関係」が築けるように、キャンプ好きの仲間を募って一緒に出かけ、体験をシェアすることが大事だと思います。未知のことを体験するときに出会った仲間は、のちに子どもにとってかけがえのない「ナナメの関係」に育ちますから。

親が勉強を教えてはいけない

では、親にはもろもろの条件を整え、環境を整備することのほかに、何ができるでしょう。

一つだけ言っておきたいのは、幼児から小学校の低学年にかけては、絵本の読み聞かせはいいようだということ。僕も母が毎晩、寝つくまで児童文学全集を片っ端から読んで聞かせてくれた時期がありました。今でも、その第1巻が「小公子」だったのを覚えています。絵本は、道徳の教科書でもありますから、心を育むという意味は大きい。

どんな絵本がいいかは、拙著『本を読む人だけが手にするもの』(日本実業出版社)に11冊ほど書評してますので、参考にしてください。

あとは、一緒に遊んでいればいいいんです(笑)。


親があまり勉強を教えないほうがいいという話もしておきましょう。

読者の皆さんには、自分の子に計算や漢字など反復を伴う教科を教えていて、あまり間違うので怒った経験のある方がいると思います。ピアノや野球、サッカーの場合も一緒。反復練習をしていて、息子や娘があまりにもミスするから、キレちゃったことはありませんか?……手が出たかもしれません。

あるいは、自分が子どもだった頃、同様に、父親や母親から計算や漢字やピアノの反復練習で叱られたり、叩かれたりした経験はどうでしょう。

人間というのは不思議なもので、自分もできなかった頃のことを忘れちゃうんですね。それで、息子や娘ができないと苛立つ習性がある。自分のDNAを色濃く継いでいるコピーのような存在が、今や自分が簡単にできるものを目の前で間違うとキレてしまう。つくづく、ややこしい動物だと思います。

こういう反復を伴う学習については、あまり親が直接教えないほうがいい。だから、学校という制度ができたんです。

でも、学校の先生って、なんで1クラス40人も担任を持って、平気なんでしょう。年中、反復を伴う学習の面倒を見ていて、できないからって怒っちゃうことはないんでしょうか？

なぜ、多数の子に相対してもキレずに済むのか。その答えは、自分の子ではないからです。自分の子でないと、できない子のほうが可愛かったりします。もし、担任するのがすべて自分の息子と娘だったら、そのできなさに精神が参ってしまうのではないでしょうか。

実際、医学部受験に追い込んだ息子が親に報復を仕掛けてくる事件などもありました。小学校の高学年から中高生になったら、親が直接指導する局面を減らし、「ナナメの関係」からの指導に切り替えることをお勧めします。

塾が少子化にもかかわらず隆盛を極めるのには、こうした理由もあるのです。

悪ぶっていたら最高に格好悪くなった反抗期

小学校高学年から中学生の僕は、かなり幼稚で、何かに怯《おび》えていて、どうしようもなくダークな部分を抱えていたと思います。

2000年に出版した『プライド　処生術2』(新潮社)や近著『45歳の教科書』(PHP研究所)の序章に書いたので詳しく再録することはしませんが、ここからは恥ずかしい話です。

小学校の高学年では一人の女の子をいじめていましたし、中学校でも一人の男子をいじめていました。

気に入った女の子に振り向いてもらいたさにスカートめくりをやったり、掃除のときにいじわるするような微笑ましいものではありません。とにかく悪質なものだった。おおらかさとか、優しさとかの対極にある感情が支配していたと思います。臨床心理士ではないので、詳しい分析はできませんが、多分、自分自身の存在に自信を持てな

バンドを組んでいた高校時代

かった時期なんです。痛恨の極みです。

小学校4年でクラス替えがあって、自分よりはるかに大人っぽく見える子と一緒になった。その状況が怖かったんだと思います。


また、中学では、同じようになじみの小学校からだけでなく、いろんな小学校から知らない、やっぱり自分よりはるかに大人っぽく見える子が入ってくる。しかも、小学生のときから決めていた「サッカー部に入る」という望みが、中学にサッカー部がなかったことで閉ざされてしまった。これには、落ち込みました。

極め付けが、中学2年での万引き事件で

す。

銀座の松屋と松坂屋で万引きをして、築地警察に捕まったのですが、学校でも家庭でも「いい子」を標榜して、そのように振舞っていましたから、親も先生も、僕以上にショックだったようです。

結局、初犯だったので、家庭裁判所では審判の不開始（審判に付するのが相当でないという決定）で処理されたのですが、当時最高裁判所に勤めていた父に連れられて家庭裁判所に行くという、最悪の醜態をさらしました。

中2くらいから、「悪ぶることが格好いい」というムードに押し流されてきた僕にとっては、悪ぶっていたら、最高に格好悪いことになったというわけです。

14歳は暗く過ぎていき、15歳で高校に入るまで、心の中はダークな状況が続きました。

高校に入って、バスケット部に入り、その仲間が良かったのと、バンドを組んでヴォーカルをつとめるなど居場所が落ち着いて、ようやく正のエネルギーが入ってきます。

通った都立青山高校は東大紛争が一番最初に飛び火したところで、その当事者の3年生が卒業した年に入学したので、青校が一番自由だった時期だったのもリハビリにはよかったのかもしれません。

遊びの中にある「学び」

この章の最後に、遊びの中にある学びについて、まとめておこうと思います。

象徴的なのは「缶蹴り」です。

鬼を決めて、他のみんなはそれぞれ建物の後ろなどに隠れます。鬼は10数えて、皆を探しにいくのですが、このままなら「かくれんぼ」と一緒でしょう。鬼の足元には空き缶が1個置いてあります。これを踏んでいればロックがかかった状態なんです。「かくれんぼ」の要領で皆を探し、見つけたら「誰々見っけ！」とコールします。コールされたら、隠れた場所から出てきて鬼の捕虜にならなければなりません。他の仲間は、鬼が空き缶から足をはずして探しに出たところを狙って、缶を鬼の陣地から蹴り出すことにトライする。それが成功すれば、捕虜が解放されることになり、失敗すれば、自分もまた捕虜になるというゲーム。今の子がやってるところを見たことはないけれど、周りに建物や大きな木がある空き地でないとこのゲームは成立しないからでしょう。

さて、この遊びを通して、僕たちは何を学んでいたのか？

友情とか競争心とか忍耐力でしょうか。そういうこともあるかもしれませんが、僕が思うのは、「空間認識」のようなものが大きな要素だったんじゃないかということ。鬼になると余計そうなのですが、あの建物とあの木の裏に何人隠れているから、自分はこの缶から、どれほど離れて探しにいっていいか。３Ｄ空間上で、缶と自分と隠れている遊び仲間たちとの距離感を頭の中で測らないとうまくできません。

幼児教育で著名な「花まる学習会」の高濱正伸代表は、はっきりと「缶蹴り」をやっていない子は空間認識が弱いから図形問題でつまづいてしまうと指摘しています。「木登り」と基地作りでも同じことがいえそうです。

あるものを自分の高さの目線から見るのと、木に登って見るのとどう違うか？　視点が高くなれば、視座が変わり、視野が開けることを体感しているかどうか。

また、「ままごと遊び」で何を学ぶかについても、指摘しておきましょう。「ままごと」というのは家族を演じるロールプレイングゲームです。自分がお母さんになって「はい、お食事どうぞ！」とやる。ロールプレイでお母さんを演じれば、お母さんの気持ちや考え方も見えてくる。それだけじゃなくて、友達が演じる家族全員の役割を学んでいるんです。お店やさんごっこも同じ。

10年前に保育園の先生方とお話しする機会があったのですが、最近の「ままごと」では、一番リーダーシップのある女子にとっては、お母さんの役ではなく飼い犬の役が人気だそうです。理由は「無条件に可愛がられるから」だと。

こんなふうに、僕らは遊びから多くを学んでいます。そして、勉強することでつく「情報処理力」の一方で、遊ぶことで鍛えられるのが「情報編集力」。

正解のない課題に対して自分から仮説を出し、他者も納得できる仮説、すなわち納得解をクリエイトして問題を解決する力です。

遊びと「情報編集力」の関係については、次章で詳しく述べようと思います。

終章

「頭がいい」って、どういうことなんだろう?

インタビューさせてもらった4人が皆「頭のいい人」だというのは疑いの余地がないだろう。その頭の良さの構造はどうなっているのか？

「頭がいいって、どういうことなのか」をこれから明らかにしていく。

そのことに10歳までの遊びや、14歳までの体験がどういう効果を及ぼすのかについても、この章では言及してみようと思う。

アタマの回転の速さと柔らかさ

まず、僕が話していてすぐに気づくのは、相手の「アタマの回転の速さ」と「アタマの柔かさ」だ。

ここからは「頭」と物理的な部位として書くより「脳」とほぼ同じ意味で、「頭」の処理能力や編集能力について指摘していく。だから、「頭」というハード面より、より「脳」の機能としてのソフト面を表す言葉として、カタカナの「アタマ」を使いたいと思う。それに対して、俗称として、一般的に話に出てくる頭の良い子は、カッコ付きで漢字の「頭のいい子」とする。

結論から先に言ってしまえば、「アタマの回転が速くてアタマが柔らかい」子のことを「頭のいい子」と呼ぶのだし、大人にもそれは当てはまる。

記憶力が良くてすぐに、しかも的確に相手の意図を理解して質問に答えてくれる人、そして、発想豊かに、時にユーモアを交えながら想像力や創造性が感じられる話を返してくれる人のことを「頭のいい人」と僕らは認めるのだと思う。


ここで、僕の本には必ず登場する「情報処理力」と「情報編集力」のバランスについて、解説しておかなければならない。

「情報処理力」は、ほぼ現在使われている「基礎学力」と同義の言葉だ。記憶力に物を言わせて「正解」をたくさん覚えておき、正解が問われたときに早く正確にそれを当てられるかどうか。算数・数学などのように、正解の出し方を繰り返し練習してマスターし、同様に正解が問われたときに早く正確に正解を導き出す学力も含まれる。

この力はテストをすれば、正答率としてすぐに点数に現れる。

「1＋2は？」と問われてすぐに「3」という答えが出せるかどうか。「コロンブスがアメリカ大陸を発見したのはいつ？」と問われて「イヨー国が見えた！」と覚えていて「１４９２年」が即答できるかどうかという例が典型だ。

一方、「情報編集力」は、正解がないか一つではない課題に対して、自分なりの仮説を生み出す力だ。正解がないのだから、答えを当てるわけにはいかない。自分の想像力と創造性でクリエイティブに仮説を生み出さなければならない。

しかも、その仮説が他者にも納得できるものになっていないと実行はされないから、自分が納得し関わる他者も納得させられる解、つまり「納得解」を導き出さなければいけない。正解のない問題に対して、この納得できる仮説をどれだけ出せるのか、その力のことを「情報編集力」と呼ぶ。

自分の知識・技術・経験を駆使して、それらを組み合わせるから「編集」という言葉を使っている。さらには、自分の知識・技術・経験だけでは解けないことが多いから、関わる他者（チームの面々など）の知識・技術・経験も自分のもののように手繰り寄せて「納得解」を導くことになる。ブレーンストーミングをして良い知恵を出そうとするときの力だ。

だから「情報編集力」を発揮するには、他者との協働が欠かせない。

「情報処理力」は、一人でウンウン唸って正解にたどり着く力。集中力が鍵になる。それに対して、「情報編集力」は他者と脳をつなげて自分の脳の機能を拡張し、納得できる解（納得解）を創造する力。後者は残念ながら、テストの正答率だけでは計れない。

現に企業は皆「情報編集力」の高い人材を採用するために、ユニークな面接メソッドを作り出している。グループ討議をさせて観察したり、大学のＡＯ入試のように自分のやってきたことをプレゼンさせたり。

「１＋２が３ではないケースについて述べよ」と問われたら、読者ならなんと答えるだろうか？

一人の女性に二人の男性が恋して張り合えば、三つどころか、様々な物語が生まれるでしょう、という粋な答えでもいい。

同じように「コロンブスがアメリカ大陸を発見してから、ヨーロッパの人々の世界観はどんなふうに変わったでしょう？」と問われたら、どう答えるだろうか。

これも、正解は一つではない。「ジャガイモやトマトなどの野菜が入り、作物の不作で餓死するリスクが減ったことで人生観そのものが変わった」と答えてもいいし、「奪った金が大量に入ってきて、貧富の差がさらに大きくなった」などとしてもいい。要は、知識をベースに、自分の意見を創造的に言えるかどうかなのだ。

「情報処理力」は、アタマの回転の速さと言い換えられるし、「情報編集力」のほうはアタマの柔らかさだと換言することができるだろう。

英語表記では、「情報処理力」は「Textbook solution skills」で、「情報編集力」は「Imaginative solution skills」だ。「教科書的な答えを出す力」と「創造的な答えを出す力」となる。

「ジグソーパズル型学力」と「レゴ型学力」

僕は、保護者や先生方にこの両者のバランスについて解説するとき、よく「ジグソーパズル型学力」と「レゴ型学力」という対比を使う。これだと、子どもにも馴染みがあるから、処理と編集でどっちだったかなあと悩まなくて済むからだ。

「情報処理力」は、ジグソーパズルを速く仕上げる力である。

ジグソーパズルは200ピースあろうと2000ピースあろうと、一つのピースの正解の場所は一つしかない。間違った場所に埋めてしまうと正解のピースが埋まらなくなってしまう。その意味で、「ジグソーパズル」というゲームは「正解主義」（必ず正解がある世界）のゲームだ。図柄がミッキーとミニーちゃんの絵でも、お城と森の風景にきれいな川が流れている写真でも、「正解」が先に画面に提示されていて、いったんピースに崩してから再び「正解」に戻していくタイプの遊びだからだ。

それに対して、「情報編集力」は、レゴをやるときの力だ。レゴはピースの種類は少ないが、組み合わせ一つで、宇宙船でも、家でも、町全体でも作り出すことができる。遊ぶ側の想像力と創造性一つで、納得できる解（仮説）は何にでも変わる。

ジグソーパズルは初めから正解としての図柄が決まっているから、途中でミッキーとミニーちゃんの図柄にドラえもんも入れたくなったとしてもそれはできない。

しかし、レゴならば、途中で変更をかけ、宇宙船を作るのをやめて、豪華客船に作り直すことも容易だ。

戦後、日本が追うべき「正解」であり「夢」でもあったアメリカ型の豊かなライフスタイルという図柄も、ジグソーパズルに例えられるだろう。どれほどのピースがあったのか定かではないが、日本の教育システムは明らかにジグソーパズルを速く埋めるのが得意な少年少女を増産し、キャッチアップを急いだ。だから、処理能力が高いホワイトカラーやブルーカラーが輩出され、企業戦士や公務員としての大量供給が可能になった。

僕も含めて、たいていの親はこうした戦後教育システムの申し子なのである。そして、時代が変わったにもかかわらず、日本の学校は、正解主義、情報処理力偏重の教育をいまだに続けている。

本当は、1980年代に「ジャパン・アズ・ナンバーワン」と評され、キャッチアップ段階が終了したタイミングで、次の世界観が示されるべきだった。ジグソーパズルの図柄の変更か、レゴ的な教育へのシフトである。ところがそれがなされなかったから、失われた20年が続いている。ジグソーパズル型学力のマスターである官僚たちには、次の世界観（図柄）が提示できるわけがない。

なぜなら、世界観を作り、変更をかけるのは「情報編集力」側の脳だからだ。

■ジグソーパズル型人材とレゴ型人材

ジクソーパズル型
（情報処理力）

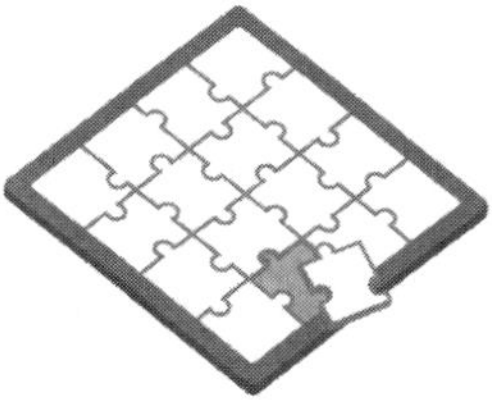

処理能力の高いホワイトカラー・
ブルーカラーの育成

↓

レゴ型
（情報編集力）

自分で仮説を立て、納得解を導いて
問題を解決できる人材の育成

ここで、「情報処理力」＝ジグソーパズル型学力と、「情報編集力」＝レゴ型学力の対比をもっと鮮明にするために、両者を養成するためには、どんな教育が必要かという話をしておこう。例として、中学の教科書のすべてに載っている「走れメロス」という教材を採り上げる。

「走れメロス」は太宰治の名作で、短い文章の中で完璧な「友情」と「約束」の物語が語られる。親友を残虐な王の人質に差し出して、故郷で行なわれる妹の結婚式に出るために走り抜き、その間に様々な困難が降りかかるのだが、最終的には友の命を守るために往復の道を走破し、約束の夕暮れの時間までに間に合うという物語だ。

これを通常の学校の教室では、国語の時間でこんなふうに学ぶ。「メロスが帰り道で、激流に飲まれてあったはずの橋がないことに気づいたとき、どんな気持ちがしたと思いますか？」と問われる。先生は、手を挙げた生徒を何人か指して、答えを聞くだろう。そして、最後に先生が正解を披露する。その学期の期末試験には、次のような四択問題が出るかもしれない。「激流を前にしたときのメロスの気持ちに近いものを、次の4つの中から選びなさい」……（イ）（ロ）（ハ）（ニ）から一つ正解を選択する。

「情報処理力」＝ジグソーパズル型学力を問う典型的な授業と試験問題だ。

これに対して、「情報編集力」＝レゴ型学力を問う授業と試験問題はどのようなものになるだろう。

「走れメロス」を読ませるのは一緒だが、その後の発問が違ってくるはずだ。本来は「間に合った」物語なのだが、「もし、メロスが間に合わなかったら、王は即刻人質であるメロスの親友を殺しただろうか？」と問いかけたらどうだろう。

広場には群衆が沢山詰め掛けていて、普段から王の圧政には不平、不満が鬱積している。メロスはもともとこの王の残虐と圧政を止めようとして捕らえられたのだ。だから、当初の約束を守れなかったからといってすぐに広場で彼の親友を殺せば、暴動が起こる可能性がある。クーデターも起こりかねない。

だったら、どんな選択肢があるのか……これをディベートする授業が成立するだろう。実際、僕の講演会ではこの問題をディベートすることがある。「すぐ殺す」派と「すぐには殺さないであろう」派に分かれて、その根拠を議論しあう。

すぐ殺さない場合には、何らかの新しい条件が必要になるが、「もう30分待ってみよう」はあり得ない。だって、当時は時計もスマホもないし、日時計も日没後は使えないからだ。だったら、誰かを指名してメロスを捜索に行かせるのか？衛兵はつけるのか？メロスが途中で倒れているのを発見したらどう対処するのか？……議論して明らかにしなければならない。

これが、「情報編集力」＝レゴ型学力を育てる授業の見本だ。試験では、当然、上記のような正解のない問題に対して意見を述べさせる記述式が採用される。

四択問題を解きすぎた世代が呪縛されているもの

現在の親たちは、前者のような授業を繰り返し受けてきたし、四択問題を何百問、何千問と解いてきたはずだ。

だから、ここで読者に考えてほしいのは、正解を問う四択問題に慣れた僕たちには、仕事や人生に対して、どんな傾向が生じてしまうかということ。「正解主義」の授業を小中高と12年間受け続け、四択問題を解き続けた僕たちには、どんな呪縛がかかっているかを自ら検証してほしい。

結論を言えば、二つの傾向が生じるはずだ。

一つは、「仮説」は誰かが作ってくれると思ってしまうこと。四択問題の（イ）（ロ）（ハ）（ニ）は仮説だが、これは先生（もしくは先生が委託した問題作成業者）が提供したものだ。生徒自らが導き出した仮説ではない。

二つ目には、その中に必ず一つの「正解」があると信じてしまうこと。

だから、大企業の人事部長にいつも聞かれるのだが、「なんで昨今の若者は、わからないと自分で試行錯誤せずに、すぐ上司に答えを聞くんでしょうね」となってしまう。「正解主義」の呪縛がかかっているのだ。これを親が意識するだけでも救いがある。

これからの社会が求めているのは、（イ）（ロ）（ハ）（ニ）の仮説を自ら導き出し、実際に（イ）と（ロ）を試してみる中で（たとえば、テストマーケティングしたり、3Dモデルでシミュレーションを行なって）どうも違うなという感触をつかんだ上で、さらにしつこく試行錯誤を繰り返し、結局、（ハ）でも（ニ）でもない（ト）という納得できる仮説にまで協働的にたどり着くことのできる人材である。だから、教育を「情報処理力」偏重から改めて、「情報編集力」側にシフトしなければいけない。

情報処理力と情報編集力のウェルバランスとは

では、その理想的な比率はどんなものだろうか?

これも結論だけ述べるが、情報処理力7：情報編集力3が理想的なバランスではないかと考える。

現在の学校教育では、この比率は9：1。基礎学力の低下問題を受けて「ゆとり教育」が批判され、前回の文部科学省の学習指導要領改訂では教科書が3割増しに戻った。再び詰め込み教育が奨励されたから、9：1どころか97%：3%のような保守的な学校も見受けられるほどだ。

だとすれば、このウェルバランスを子どもたちに取り戻させるには、親が意識して、家庭教育や塾や文化スポーツ分野の教室、あるいは様々なアクティビティを通して「情報編集力」側を補完してやらなければならない。

タフな経験が一番の特効薬だ。居心地が良く便利で快適なほうではなく、むしろ居心地の悪いほう、不便なほうで、不利な戦いをするほうが、よほどためになる。親が条件整備をしすぎるとかえって逆効果なのだ。

だから、中学受験に子を追い立てて、親子が「共依存」状態（お互いを頼ってベッタリになること、親離れ、子離れできないくらいともに依存する状態）にまでなることはあまり勧められない。高校生になっても、大学生になっても、なかなか子離れできなくなるからだ。

学校教育でも、政権の方針でアクティブラーニングが奨励され、情報処理力から情報編集力へのシフトを目指してはいるものの、いかんせん、学校の変化には時間がかかる。2020年からセンター試験改め「大学入学共通テスト」に記述式が増えたり、英語の実践力を証明できる外部の試験が導入されるのは、この意図に沿ったものである。

レゴを与えれば、情報編集力が身につくのか

勘違いしてほしくないのは、だからと言って、子どものおもちゃ箱にあるジグソーパズルを捨ててレゴブロックを買ってくれれば、未来を拓く「情報編集力」が身につく

かというと、そうではないということ。

それこそ、そうした直截な行動は、過度な「正解主義」教育を受けた人のパターンだ。この両者のバランスが大事だと指摘したはずである。

実は、今は、白地のジグソーパズルも発売されていて、買ってきてから子どもが自由に絵を描き、自分オリジナルのジグソーパズルを作ることも可能だ。いわば、ジグソーパズルのレゴ化である。

逆に、レゴのジグソーパズル化という現象も起こっている。レゴがスターウォーズと組んで、主人公のルーク・スカイウォーカーが乗ったミレニアム・ファルコン号を発売したことがきっかけだと思うが、それを買った子どもたちが商品の箱にある写真通りにレゴを組み立てると、それで満足してしまうようになった。パーツに崩して違う造形をしたがらなくなったのだ。これでは「正解主義」で「正解」の見本を仕上げるジグソーパズルと同じことになってしまう。

仕上がった「正解」があれば、それでいい。自分でクリエイティブにパーツを組み立て、オリジナルなものを手に入れたいとは思わない。この完成品重視の考え方は、高度消費社会の進展とともにますます強くなってきた。

東急ハンズの自転車売り場で起こっていることもこれを証明する。もともとホビー系のショップやDIY店の自転車売り場では、自分で部品を組み合わせ、自身の「情報編集力」で編集することでオリジナルの自転車を作ろうとする顧客が多かった。ところが最近目につくのは、店長が作って壁に飾っている見本を「それがほしい」と言って何一つ改良せず、買って持ち帰るケースだという。

世の中に「正解主義」「完成品主義」が蔓延している典型的なエピソードだ。

子どもたちの「遊び」を救う

そういえば、子どもたちの遊びの中にも、高度消費社会の進化とともに、完成品がはびこるようになってきた。

ままごとは、その昔、葉っぱや木の枝をお皿と箸に見立てて遊んだものだ。それが今は、完璧なままごとセットとして売られ、シンクやオーブンまで付いている。大きな2本の木を1塁と3塁のベースに見立ててやる「三角ベース」も廃れて、野球のジユニアチームの誰もが、ボールとバットとグローブだけでなく、ベースやヘルメットまで本格的なものを持つようになった。

これでは、完成品から逃れろと言っても、無理な話だ。

何かが足りないから、何かをそれに見立てて遊ぶことは、イマジネーションを育てる行為だ。だからこそ、経済的にここまで豊かではない時代に育った親たちは、道具がないならないなりに工夫をして遊んできた。バットがなければ棍棒《こんぼう》を、ボールがなければ母親に縫って作ってもらったり。完成品に囲まれて育ったら、子どものイマジネーションは相当なダメージを受けることは容易に想像できる。

でも、この壁を突き破ることはできるのか?

前章で書いたように、無理をしてでも自然に親しませ、親がしたような危ない遊びをさせることはできるだろう。サマーキャンプに参加させたり、第二の田舎をつくって預けてしまうようなことだ。

それでも家にいる間は、たいていディスプレイでのゲーム遊びからは逃れられない。僕らの頃に比べればインタラクティブの性能が格段に上がっていて面白いし、画質も音響もいいから、一定期間夢中になるのは無理もないと思う。

ロボットに負けない仕事のキーワードは「指」

ロボットの専門家に聞くと、10年経っても開発が難しいのは、人間の指の動きだという。腕の筋力や足の脚力については、すでにパワードスーツ（サイバースーツ）が開発されていて、重いものを持つときにロボット技術でサポートしてくれる。パラリンピックのように障がい者スポーツがもっとクローズアップされれば、人類にとって有効なサイボーグ技術はさらに進化するだろう。

案外、最後まで残るのは、折り紙を折るような指の動きかもしれない。日本には、影絵でキツネや鳥の姿を表現するように、指の動きを重視する文化がある。両手の指を組み合わせてカエルの姿を作ったり、ブルドッグに変化させたりの「指あそび」をしたことはないだろうか？

だから、ロボットになかなか奪われない仕事の一つのキーワードは「指」だ。

指先を使う仕事、細工師、手品師、占い師、指圧師……。さらに人間の手の感触や暖かさ、なでたときの癒し効果も含めて、保育や介護や看護の現場には、ぬくもりのある手を持つ人間でなければできない仕事が残りそうだ。

それぞれの指と脳の特定部位が繋がっていて、さらにそれが内臓の各所に繋がっていることは、ツボ（経絡）の研究で東洋医学が明らかにしている。つまり、指を動かしている限り、脳はボケにくいということ。

してみると、スマホでＬＩＮＥにフリック入力して、凄まじいスピードで文字を書いている現代の子どもたちは、結構脳を刺激しているのかもしれない。

ただし、親指だけでは偏った刺激にはなるが……（苦笑）。

遊びは「情報編集力」の基盤を作る

「はじめに」にも書いたが、ユニークな仕事で、その業界構造や人々の行動が変わってしまうような突出した業績を上げている人に共通するのは、「情報処理力」が高い（仕事が早くて正確）だけでなく、「情報編集力」も高いこと（アタマが柔らかく未知の問題に対する解決力がある）。

それに、話を聞いてみると、10歳までにちゃんと遊んだ人であることだ。

遊びは、「情報編集力」の基盤を作る。

なぜなら、「情報編集力」は予定不調和な、正解がない問題にたくさん直面して試行錯誤しなければ高まらないからだ。「情報処理力」は予定調和な問題をたくさん勉強して「正解」を早く正確に出す訓練を積めば高まる。ここがポイントだ。


遊びの中では、二律背反でこっちを立てればそっちが立たないような問題や想定外の問題、予測不能な問題に対処せざるを得ない。外で遊んでいる最中に雨が降ってきたらどうするか、小学校5年生でクラスのみんなが一緒に遊ぼうと迎えに来てくれたけれど、小2の弟がついてきてしまったら、どうルール変更するのか、というような問題だ。あるいは、お母さんがお使いに出ている最中に積み木で思いっきり高い建物を作って、帰ってきたら「スカイツリー！」とかいってお母さんを驚かせようと胸躍らせる5歳の子がいるとする。そこに後ろで寝ていた2歳の弟がやおら起きてきて、嬉しそうに近づいてくる。でも、積み木につまづいてお兄ちゃんが必死で積み上げたタワーを壊してしまう。さあ、どうするか？……弟を別の部屋に閉じ込めてもう一回やり直すのか、何か手伝わせて別のものを作るのか。

遊びの中では、こうした正解のない問いかけが無限に起こり、その都度状況に応じて作戦の変更やルールの変更が余儀なくされる。試行錯誤の練習になるのだ。しかも、友達や兄弟に納得感のない仮説は理屈なく否定される。泣かれたり暴力を振るわれたり、感情的な反応もあるだろう。この繰り返しで、子どもたちは日々、人間関係をマネジメントする戦略まで学んでいるのだ。

だから、様々な仲間と遊んでる子が強い。仲間が納得する納得解を絞り出す突破力も、そこで養われる。

情報編集力を鍛える5つの要素

もう一つの面からも、遊びと「情報編集力」の関係を解説しておこう。

「情報編集力」を鍛えるには、以下の5つの要素を強化することが肝心だ。

(1)コミュニケーションのリテラシー（人の話が聴ける、など）
(2)ロジカルシンキングのリテラシー（筋を通せる、など）
(3)シミュレーションのリテラシー（先を読んで行動する、など）
(4)ロールプレイングのリテラシー（他人の身になって考える、など）
(5)プレゼンテーションのリテラシー（気持ちや考えを表現できる、など）

(1)コミュニケーションのリテラシー（人の話が聴ける、など）

遊びとコミュニケーションのリテラシーの関係は解説するまでもないだろう。とりわけ異なる世代との遊びを通じて揉まれれば揉まれるほど、擬似的な戦いがあればあるほど、異文化（外国人と一緒だとか）と触れあえばあうほど、コミュニケーション技術は発達する。通じさせなければ遊べないから、相手がどう言ったらわかるのか、想像力がつくからだ。

(2)ロジカルシンキングのリテラシー（筋を通せる、など）

ロジカルシンキングのリテラシーは、論理的な遊びをすればするほど高まる。オセロもそうだろうし、テトリスも、トランプも花札も麻雀も、ロジカルなゲームのすべてがこれに当てはまる。

もちろん、プログラミングを使って遊ぶ「LEGO マインドストーム」のようなゲームが極めつきだ。ロボットを動かす全国大会は、世界大会にまでつながっているから、子どもが夢中になるようなら、どんなにオタクとか暗いとか周囲から言われても、放っておけばいい。自閉的な傾向を持つ子でも、プログラミングという言葉を獲得することで目覚めることもある。

(3)シミュレーションのリテラシー（先を読んで行動する、など）

シミュレーションのリテラシーとは、推理能力のことだ。これが起こったら、次に何が起こるかが予測できるかどうか。

天気予報士の仕事を例にとれば、「低気圧がここにあって高気圧はここ。前線がこう張り出しますから、午後は雨になるでしょう」という予測だ。証券会社に勤めたら、アメリカの大統領や北朝鮮の動きが株価にどう跳ね返るか、どんな会社のチャンスが広がるかを予測しなければならない。

「シムシティ」のようなシミュレーションゲームや戦闘シミュレーションなどが、こうした推理能力を鍛えるだろう。もちろん、推理小説が好きな子にはどんどん読ませておけばいい。子どもが集中しているときに、外遊びをしなさいと強要して、途中で止めさせることはない。

(4)ロールプレイングのリテラシー（他人の身になって考える、など）

ロールプレイングのリテラシーとは、他者の感じ方や考えをどれだけ自分のものとして体感できるかどうか。営業マンはお客様の気持ちをロールプレイできなければ商品を買ってもらえないだろう。雑誌の編集者は読者の好みをロールプレイできないと記事に活かせない。結果、販売部数にもろに跳ね返ってくるはずだ。テレビのディレクターだって同じ。視聴者ロールプレイができなければ、視聴率は取れない。

ままごとをはじめとするすべてのロールプレイング・ゲームはこの能力を鍛える。相手の身になって想い、考える想像力を豊かにするのだ。ファイナルファンタジーのようなゲームもロールプレイング・ゲームと呼ばれるが、実際に演劇などで役割演技するより効果は低いように思う。劇作家の平田オリザさんを中心に日本の国語教育の中に「演劇教育」を根付かせようと努力している先生たちがいるが、これは理にかなった活動だ。人間は、他者の役割を演じながら、自分とは違う考え方を学ぶとともに、自分自身の居場所をも確認することができるからだ。

(5)プレゼンテーションのリテラシー（気持ちや考えを表現できる、など）

プレゼンテーションのリテラシーの重要度は、ネット社会が深まれば深まるほど高まっている。ネットの中では、発言しなければ「いない」とみなされるからだ。自分の想いや考えをどのように表現できるのか。学校では、体育・音楽・図工／美術・家庭／技術・情報が実技5教科とされているが、もともとはこれらは国が理想的な日本国民を製造するために求めた要件だった。富国強兵のためである。あまり知られていないようだが、当初から義務教育に「風景や静物の写生」が入っていたのは、敵情を視察した斥候が上官に敵の布陣を正確に絵に描いて報告できるようにとの配慮だし、音楽も軍の士気を高め、一致団結の精神に供するためだった。

そこからおよそ100年が経って、これからは実技教科の意味が変わってくる。

すべて個人の表現活動としてみれば、実技5教科も生き返るように思うのだ。

体育は「カラダ」によるプレゼンテーション技術を鍛えるものとして。ダンスなどは典型だ。音楽は「音」で自分の気持ちを表現するものとして。だから、電子機器を駆使して作曲させるのもいい。

図工／美術は、自分の考えをさっとデッサンして他人に理解してもらう技術として。だから、デザインが重視されるべきだし、風景画より線画やフローチャートが描けるほうがいいだろう。実際、できるビジネスパーソンには自分の考えをさっとイラストや図に描ける人が多い。味方が増えて、自分の夢やビジョンが圧倒的に実現しやすくなるからだ。

家庭／技術は手先を使ってモデルを作る技として。ファッションデザイナーでもインテリアでも椅子でも陶芸でも、自分の想いをプロトタイプとして「もの」で表現するのが、ものづくりの基本だ。3Dプリンターがますます安価で身近になれば、ちょっとデータを作って作製してみることは誰にもできるようになるだろう。

情報は、もうコンピュータの操作方法を教える教科から脱してよい。それより、プレゼンの技術に特化して各教科にまたがる発表事項をより魅力的に演出できるよう指導するべきだ。これからは15秒から2～3分の動画で自分の考えを編集できればなお強いから、動画の編集を教えるのがベストだろう。

読者はもう気づいたかもしれないが、この「情報編集力」を構成する5つの基本要素は、そのまま主要なコンピュータ・ゲームのカテゴリーでもある。

コミュニケーションゲーム、ロジカルゲーム、シミュレーションゲーム、ロールプレイングゲーム、プレゼンテーションゲームというように。

この事実は、正解が一つではない課題解決に必須の「情報編集力」は、勉強より遊びから学べる要素が強いことを証明している。


もう一度繰り返す。10歳までにいかに遊んだかが大人になってからの「情報編集力」の基盤を作るのだ。

ここで、あまり遊びつくせなかった子はどうしたらいいのかとよく保護者から質問されるので答えておこう。

僕の答えは3つに絞られる。

1つは、今からでも遊ばせましょうということ。

2つ目は、高校から大学にかけてでいいので2年間以上留学させましょうということ。1年では、いい面だけ見て、お客様として帰ってきてしまえるからだ。2年以上だと大事なものを盗られたり、寮で同室者と揉めたりして良い経験ができる。国内留学でも親から離れて馴染みのない土地で寮暮らしをするならいいだろう。

3つ目には、大人になってからならコミュニティに首を突っ込んで、名刺の通じない場所で会社や役所とは違う人間関係を築き、自分の居場所を確保するのがいいと思う。コミュニティで揉まれることも「情報編集力」を高めるから。

何歳からスマホを持たせるか?

最後に、保護者が皆気にしているスマホ問題に対して、僕なりの考え方を述べてこの章を閉じようと思う。

本章のテーマである「頭が良くなるかどうか」に直接関わるわけではないが、「スマホを何歳から持たせてよいのか?」は目下(人類ではなく)親類共通の大問題である。この問題で悩むのは、日本の親だけではない。

とはいえ、この現象は過渡期の騒ぎであるような気もしている。テレビが各家庭に入ってきたときも、子どもにどれほど観せていいのか大問題だった。実際、テレビを観すぎると目が悪くなるとか、ドラマの暴力シーンや戦争ものを観て悪影響があると散々言われたものだ。でも、今はネット動画のクオリティが上がったことで、テレビの影響力は相対的にそれほどでもなくなった。

スマホの普及は、10年以内に世界人口の半分にまで達し、50億人の脳を擬似的につなぐだろう。世界と自分の脳をつなぎ、脳の機能を拡張する作業をスマホでできるなら、やったほうがいい。ただ、何歳からはじめさせたらよいのか?……それが問題だ。僕自身は、三人の子（息子二人と娘一人）に対して高校まではスマホを持たせなかった。でも、それは10年前の状況だからできたことだと思う。

取材でも話していたが、ホリエモンは、今なら百科事典ではなくスマホにはりついていただろうと語っていた。現実にも中学でプログラミングをはじめ、日本に類のないＩＴ企業を立ち上げたことは皆さんご存じの通りだ。

一方、有名な幼児教育メソッドであるシュタイナー教育では、10歳までは肌身で感じる生の体験を重視すべきだと説いている。そうでないと五感が十分に養われないから、だと。だから、マッチを擦って火がついてから消えるまでを注意深く観察するようなことを繰り返す。僕が知る限り、文字や計算という抽象概念を教えるのも早すぎてはいけないという考え方だ。

この問題に正解はない。

ただ、僕の感覚では、10歳まではできるだけ生の体験で遊ばせ、怪我することも含めて、経験を積んでからスマホは持たせたらいいと思う。

それでも、学校や塾に通うセキュリティ上、低学年から持たせる必要があるケースもあるだろう。その場合には機能を絞ったらいいのではないだろうか。

上手に疑え

早くからネットゲームにはまったりするのは考えものだし、ネット社会に無制限にアクセスさせると悪い奴に騙される。ネット社会は現実社会の鏡だから、良いものも悪いものもあり、良い奴も悪い奴も世の中と同数いる。しかも、匿名で顔が見えない分、悪さやずる賢さが10倍、100倍に拡張される。振り込め詐欺だって、これだけアンチ・キャンペーンを張っているのに1日1億円も犠牲になっている現実を見れば、ネット利用には相当なリテラシーが必要なことは火を見るより明らかだ。

とりわけ、学校では「信じなさい」という教育を続けているが、これからネット社会のリテラシーを重視するのであれば、むしろ「上手に疑いなさい」と教えるべきだろう。

自分で確かめてから信じる度合いを評価し、それぞれに「信用（クレジット）」を供与して、付き合い方を決める知恵と技術がいる。

僕が20年間実戦し続けている「よのなか科」というアクティブラーニング手法は、この知恵をつけるための教科だ。子どもたちに「クリティカル・シンキング（複眼思考）」と呼ぶ、上手に疑う技術を身につけさせるには、先生と生徒だけでなくコミュニティの大人と混ぜて学習する方法が有効だ。そのほうが、地域社会の大人との「ナナメの関係」が、授業を通じても強化されるから。

最後に、できるのであれば、スマホは買い与えるのではなく、親が買って子どもに貸すほうが利口なやり方だと思う。

貸すのであれば、契約書や覚書を締結するかどうかは好き好きとはいえ、条件を設定したり、罰則規定をあらかじめ設定することも可能になる。いっぽう、買い与えてしまったら、管理不能になることは必定だから（苦笑）。

たとえば、毎朝、朝食が終わってから家を出るときに貸し出し、帰ってきたら、夕食前にいったん親に返すというルールにしたらどうだろう。これなら、家族の大事な儀式である夕食の場にスマホを持ち込まれて、食べながらＳＮＳ三昧というわけにはいかない。いじめに使ったことが判明したら、即取り上げるとか。

スポンサーなのだからと一方的に命じるのではなく、問題が起こったら「親子で一緒に解決しましょう」という態度が肝要だ。これについては、米国のお母さんが10歳の子にスマホを与える日に親子で結んだ18項目の契約書が参考になる。

全米で話題になり、ディベートの材料にもなったから、ご一読されたい。

あとがきにかえて

4人のヒーローインタビューから見えてきたものを、少しまとめておきたいと思う。この本を読む子育て中の読者が頭を整理しやすいようにだ。

10歳までにどんな遊びをさせるか？　14歳までにどんな勉強と経験をさせるといいか？　何が突破する力の根っこだったのか？　どんな経験が「引き金」を引いたのか？　親は何をしたのか？　何をしなかったのか？

……親の悩みは深い。

でも、恐縮なのだが、パターンにはまる正解はない。夫婦で時に喧嘩もしながら、試行錯誤するしかないのだ。一人親はもっと悩みが深いかもしれない。でも、実家の父母と相談しながら、やっぱり試行錯誤するしかない。

その試行錯誤が、親を育てるからだ。

まず、4人のヒーローには厳しい親も放任の親もいたが、彼らが突出した理由にそれは関係ないように思える。つまり、しつけのスタイルと突出するかどうかは、つながっていない。

以前、ホリエモンから「親からほめられた記憶がない」という話を聞いたことがあるが、ソフトバンクの孫正義さんは小さな頃から「おまえは天才だ」と褒められ続けた逸話が有名だ。

もし、突出する人物に共通点があるとすれば、G1サミットに集う起業家や研究者、求道者たちを見ている限り、誰もが、軽度発達障害か軽度発達障害気味である（のではないかと思える）こと。つまり、子どもの頃、どこかの時点で、何かをきっかけに過剰に集中する癖を見せ、その集中力を温存している点だろう（すべての軽度発達障害の方が集中力があるわけではないが、一部の先天的な脳の特徴として集中する癖を持つ人も多い）。

これについてはLITALICOの長谷川敦弥代表ともよく話すのだが、どうやら共通の特色と言ってよさそうだ。ビル・ゲイツもそうだし、スティーブ・ジョブズもそうだった。勝手に決め付けて悪いが、イーロン・マスクもピーター・ティールもジェフ・ベゾスもそうにちがいない。

要は、突出してこだわれる者たちが、市場を根底から変えるような革命家として変態（メタモルフォーズ）する。

こだわりが強いから、試行錯誤を続ける根気があって、成功するまで諦めないからだ。昔、松下幸之助が成功の秘訣を問われて答えた言葉が蘇る。「成功するまでやめなけりゃあいいんですよ。途中でやめるから失敗と呼ばれてしまう」。

教育界にはびこる誤解も、ここで解いておきたい。

少年たちに「夢」は必要か？……という疑問だ。「少年よ、大志を抱け」というような大きな夢はいるのか。

少なくとも4人のヒーローが今の仕事をしていることに関しては、小さな頃からイメージしていたわけではなかった。西野さんがわずかに小学生時代からお笑い芸人になるんだと決めていたと語ったが、ホリエモンも亀山会長もそうではない。前田さんが、いくらギター片手に弾き語りで食扶持を稼ぐ少年時代を送ったからといって、SHOWROOMという「努力や熱量がフェアに報われる仕組みを作る」事業を子どもの頃から構想していたはずはない。僕だって、小中高校時代を通じて、先生になる道を想像したことはかけらもないし、校長になるなんて45歳の暮れまでまったく考えていなかった。

社会の未来を拓く構想を実行していく革命家は、どうやらイチローのようなスポーツ選手や、生まれながらに運命が決定づけられた歌舞伎役者とは違うようだ。

もう一つ特筆すべき共通点は、「根拠のない自信」を持っていることだ。

未知の世界に、計算が未完で読みきれなくても突っ込んでいくパワーである。

この踏み出す勇気については、僕自身は母親が無条件に愛情を注いだ結果だと語ることが多いが、読者は4人のインタビューから何を感じただろうか。

それが母親でなくてもいいのだが、誰かに無条件に愛された経験は、わからない世界に向かっていく「根拠のない自信」の基盤になっているような気がしてならない。普通の人からすれば、かなり不幸な体験をした前田さんでさえ、お兄さんから無条件に愛されたから、なんとかお兄さんを喜ばそうと努力した。

とすれば、親にできることは二つしかない。

子どもが何かに没入し、集中して向かっていくときに邪魔しないこと。できたら、その突進を応援してあげること。

それと、条件をつけずに（私立の中高一貫校に受かったらとか、東大に受かったらとか、財務省に入省したらというような条件をつけずに）無条件に子どもの成長を見守ること。それが「根拠のない自信」の基盤を作る。

キミの存在そのものが自分にとっての喜びなんだ。生きて、世の中の常識と戦ってあがいてくれているだけでいい。そんなふうにドーンと構えていること。

なあんだ、それじゃあ、具体的なノウハウを教えてくれたことにはならないよと読者に失望されるのを覚悟で、この二つだけが共通点だと言いきってしまおう。

これからの子どもたちは、自らを希少性のあるものに育てなければならない。

僕は彼らに直接メッセージを伝えられるときには、「自分自身をレアカード化しろ！」とエールを贈る。本当は、親たちにも同じ試練が襲ってくる。学歴が高いことにあぐらをかいて情報処理力だけを高めても、やがてすべての処理仕事はＡＩ武装したロボットかクラウドに奪われる。みんな一緒でいい時代は終わったのだ。

僕たちの子ども時代には、コンクリートや鉄でできた巨大な建築物が林立することが未来を象徴した。目の前に高速道路ができ、車がどんどん増えていった。新幹線が走り、どんどん格好良く速くなった。豪華客船が就航し、飛行機も巨大化した。未来は目の前に巨大に現れ、それが子どもたちの夢をくすぐったのだ。だから、新日鉄やトヨタが憧れの企業になった。

ところが、現在の子どもたちが生きている成熟社会では、先端の技術は、皆目に見えないものだ。コンピュータと言っても巨大なスーパーコンピュータではなく、極小のチップに描かれたプログラムが実態だし、多くの機能はクラウドにある。未来がかつてのように可視化されない社会では、夢も見えにくいのは当たり前なのだ。

だから、みんな一緒に大きなことをやる夢より、それぞれ一人一人の希少性を大切にして、主体的に思いついたことがあればネットで脳を繋げながら、協働的に成し遂げていけばいい。その意味でも「希少性」を磨くことこそが、ネット社会からあなたの子どもとあなた自身が他者からアクセスされ、味方を増やす条件になるだろう。

繰り返すが、みんな一緒に「正解」と思われる方向を目指すのではなく、自分固有のオリジナルでユニークな「希少性」を磨くことが、世界50億人がスマホで繋がる未来（50億人の脳が並列コンピュータのように繋がり、さらにそこにＡＩとＡＩ武装したロボットが繋がってくる超ネットワーク社会）における「信用（クレジット）」のあり方なのである。

つまり、人間が信用されるためには、皆と同じの「上質な普通」が保証にならない時代に入ったということ。逆に、信用されるためには、集団から浮いてもいいから「希少性」を高めなければならないという理屈だ。勉強するのも仕事をするのもこの「信用（クレジット）」を蓄積するためなのだから、親の仕事だって「希少性」を追う方向へのモードチェンジが必要だ。

この辺のことは、もっと具体的に『45歳の教科書』（ＰＨＰ研究所）に書いておいたから、ここでは深く追わない。

この本には子育ての教科書としての機能もあるが、著者は、子育てのプロではないことを改めて断っておく。いっぱい失敗してきたし、今でも失敗だらけだ。

大失敗の例を一つだけ挙げよう。

長男が4歳でロンドンの小学校に通ったとき、妻が次男の誕生でかかりきりだったので、やったことのない弁当作りに挑戦した。朝から弁当箱にサンドイッチやトマトを詰めるのだが、ここで自分が「正解主義」あるいは正答率至上主義の受験生だったことを思い知らされたことがある。

僕は弁当箱という器があったら、無条件にいっぱい詰まっているほうが良い弁当だと考えていた。受験では空欄を埋めなければ減点される。弁当箱にも空きスペースがあると、作るほうとしては何か居心地が悪いのだ。空欄恐怖症である。

だから、毎日いっぱいに詰め込んだ。その結果、どうなったか？

これは、やがてパリに移住し長男が5歳になって思い出語りにロンドンでの学校の様子を語るようになってから判明することなのだが……僕の自慢のギューギュー詰め弁当が、結果的に息子の友達作りを邪魔していたことに気づかされたのだ。

クラスの仲間は皆チップスにパックのジュースという簡単な軽食を持参していたらしく、昼休みになるとさっさとつまんで早く校庭に遊びに出ようとする。長男のところにも「遊ぼう！」と散々誘いがかかったようなのだが、息子はいつまでもモグモグとお弁当を食べている。その頃、学校から帰ってきた息子が「お父さん、喜ぶかなあ……」と全部綺麗に食べきった弁当箱を妻に見せながらつぶやいたこともある。食べ物は残してはいけないと食事のたびに言っていたのも利いていた。両親からしつこく「もう友達できた？　ランチの後、一緒に遊べた？」と聞かれて、4歳の息子が黙ってしまうのに苛立つこともあった。

ああ、勘違いだ。まったくの勘違いだった！

父親らしいところを見せようとして、結果的に息子が学校の仲間に溶け込む時間を奪っていたのだ。弁当が立派すぎて、息子が昼休みに自然に遊び友達を作るのを邪魔していたなんて……なんとも情けない話だ。

子育てにプロなんかいない。

プロというのは、報酬をもらおうと無償でやろうと、結果を出す人のことを言う。でも、子育てでは結果は出ない。結果が出るとしたら、息子や娘が天寿を全うした末に息をひきとる瞬間、「もう一回、同じ人生を繰り返したいか？」と聞いて「もう一回同じ人生でもやりたい！」という答えが返ってきたときだ。

いろいろ波風も山谷もあったけれども、自分の人生は幸せだったという結論は臨終になるまでわからない。ということは、すべての親はそこまで生きられないはずだからプロにはなれない。プロを自称する評論家がいるとすれば、それは詐欺師だ。だから、何度も繰り返しているように、子育てに「正解」はないし、失敗だらけでいいのである。

遊ばなければ「情報編集力」が育たないと何度も語った。

もう一つ、大事なのは、その遊びの中にある「熱狂」が子を育てるということ。遊んでいるうちに、自分を没入させることのできる対象にきっと出会うはずだ。そうでなければ、みんな一緒に「情報処理力」を高めるための受験勉強に追い込むしかなくなってしまう。これは僕たちが散々やってきた過去の成功パターンだ。

最後に、親は子に育ててもらうものなのだと言い残して、本稿を閉じよう。

2019年1月

藤原　和博

参考図書

これだけは読んでもらいたい5冊を対象年齢別に並べました。

●幼児を子育て中の父親・母親に

『父親になるということ』(日経ビジネス人文庫)

藤原の失敗談満載、長男が4歳から6歳までのドキュメント。子どもを保育園に預けている親に効く1冊。多分、お母さんは泣きます(笑)。特に5歳児は真言(神のことば)を吐くから、聞き耳を立てなければ損ですよ!

●小学生を子育て中の親子に

『キミが勉強する理由』(朝日新聞出版)

ゲーム用語を使って、子どもの疑問「なんで勉強せなあかんの?」に答えた本。やさしい言葉遣いの絵本だから小学校3年生以上なら読める。姉妹絵本に『本当の友だちってどんな友だちだろう　藤原先生の心に響く授業』Kindle版がある。

●中学生を子育て中の親子に

『「ビミョーな未来」をどう生きるか』（ちくまプリマー新書）

中学生が今どんな時代を生きていて、どんな希望を持てるのかを描いた本。村上龍さんとのコラボで作った「13歳のハローワークマップ」で興味のある仕事を探せるようなガイドも。キャリア教育の本として学校の授業でも使われていて、「はじめに」の文章は、私立中学から大学までの入試問題に何度も引用された。

姉妹本に『新しい道徳』がある。こちらはいじめと自殺の問題を扱っている。

●高校生を子育て中の親子に

『たった一度の人生を変える勉強をしよう』（朝日新聞出版）

本書の終章で詳しく解説した「情報編集力」をつけるための授業満載！「よのなか科」の動画はリクルート社のスタディサプリ「未来の教育講座」で51編観られるが、その重要講義を紙上で受けられるようにしたもの。この本の編集は大ベストセラー『嫌われる勇気』、ホリエモンの『ゼロ』のチームが担当した。

●すべての親子に

『10年後、君に仕事はあるのか?』(ダイヤモンド社)

これから10年で世界人口の半分がスマホでつながり、その巨大なネットワークにAI武装したロボットもつながる。どんな仕事がなくなり、どんな仕事が生き残るのか。どんな力が必要になるのか、予言の書。高校生に語りかけるように平易な言葉で書いた。ホリエモン絶賛で、人生100年時代の教科書とも呼ばれている。

その他にも「よのなか科」の教科書群には以下のようなものがあります。

『人生の教科書[よのなかのルール]』(ちくま文庫/宮台真司共著/17刷のロングセラー)

「よのなか科」の原典。子どもたちに身近な話題から経済・政治・社会を説いた本。姉妹本は、

『人生の教科書[情報編集力をつける国語]』(ちくま文庫/重松清、橋本治共著)

『**人生の教科書［数学脳をつくる］**』**（ちくま文庫／岡部恒治共著）**
『**世界でいちばん受けたい授業**』**（ちくま文庫）**
『**乃木坂と、まなぶ**』**（朝日新聞出版）**
乃木坂46が「よのなか科」を学んだ！
『**はじめて哲学する本**』**（ディスカヴァー・トゥエンティワン）**
「喪服はなぜ黒いのか？」等クリティカルシンキング（複眼思考）の材料を満載。
『**今、話したい「学校」のこと　15歳からの複眼思考**』**（ポプラ社）**
学校の様々な話題を、ざっくばらんに親子で話せる材料満載。
『**200字意見文トレーニング**』**（光村図書出版）**
和田中で実際に使用した200字意見文の練習帳。

参考文献

『魔法のコンパス』（西野亮廣著　主婦と生活社）
『革命のファンファーレ』（西野亮廣著　幻冬舎）

『ゼロ』（堀江貴文著　ダイヤモンド社）
『我が闘争』（堀江貴文著　幻冬舎）
『人生の勝算』（前田裕二著　幻冬舎）

著者略歴

藤原和博（ふじはら・かずひろ）

教育改革実践家。リクルート社フェロー第1号／東京都では義務教育初の民間校長「杉並区立和田中学校」元校長／奈良市初の民間高校長「奈良市立一条高校」前校長／アジア希望の学校基金「Wisdom of Asia for Next Generation（WANG）」代表／東日本大震災復興支援財団・評議員／プラン・インターナショナル・ジャパン元評議員（サポーター歴30年）／大学院「至善館」客員教授／腕時計「japan」「arita」シリーズ・プロデューサー／奈良発のかき氷製造機「himuro」アソシエイト・プロデューサー／講演1400回超の人気プロ講師／累積80冊143万部の著述家／電話級アマチュア無線技士／テニスプレーヤー／ヘルパー2級・海外50か所の介護施設を視察／元ロンドン大学ビジネススクール客員研究員・パリ駐在／長野県の天然記念物・川上犬の飼い主。

1955年生まれ／世田谷区立多聞小学校／世田谷区立富士中学校／東京都立青山高校／東京大学経済学部を経てリクルートに入社。40歳で退職してインデペンデントに。現在は、日本社会を覆う官僚的、教科書的、標準的な「正解主義」「前例主義」「事なかれ主義」を仮想敵として「よのなか科」を武器に戦っている。

個人がまず突破してみせ、その「根拠のない自信」で社会を動かす時代なのだ。

詳しくはホームページ「よのなかnet」http://yononaka.net に。

SB新書　464

僕《ぼく》たちは14歳《さい》までに何《なに》を学《まな》んだか

2019年2月15日　初版第1刷発行

著　者　藤原和博《ふじはらかずひろ》

発行者　小川 淳

発行所　SBクリエイティブ株式会社

〒106-0032　東京都港区六本木2-4-5

電話：03-5549-1201（営業部）

装　幀　長坂勇司（nagasaka design）

本文デザイン　荒井雅美（トモエキコウ）

組　版　株式会社キャップス

編集協力　甲斐ゆかり（サード・アイ）

写　真　TAKA MAYUMI（オビ・西野亮廣氏）、伊藤孝一

校　正　新田光敏

編　集　多根由希絵

印刷・製本　大日本印刷株式会社

ISBN 978-4-7973-9865-6